Aristóteles & a Educação

COLEÇÃO
PENSADORES & EDUCAÇÃO

Angelo Vitório Cenci

Aristóteles & a Educação

autêntica

Copyright © 2012 Angelo Vitório Cenci
Copyright © 2012 Autêntica Editora

COORDENAÇÃO DA COLEÇÃO PENSADORES & EDUCAÇÃO
Alfredo Veiga-Neto

CONSELHO EDITORIAL
Alfredo Veiga-Neto (UFRGS), Carlos Ernesto Noguera (Univ. Pedagógica Nacional de Colombia), Edla Eggert (UNISINOS), Jorge Ramos do Ó (Universidade de Lisboa), Júlio Groppa Aquino (USP), Luís Henrique Sommer (UNISINOS), Margareth Rago (UNICAMP), Rosa Bueno Fischer (UFRGS), Sílvio D. Gallo (UNICAMP)

EDITORAÇÃO ELETRÔNICA
Conrado Esteves

REVISÃO
Maria do Rosário Alves Pereira

EDITORA RESPONSÁVEL
Rejane Dias

Revisado conforme o Acordo Ortográfico da Língua Portuguesa de 1990, em vigor no Brasil desde janeiro de 2009.

Todos os direitos reservados pela Autêntica Editora. Nenhuma parte desta publicação poderá ser reproduzida, seja por meios mecânicos, eletrônicos, seja via cópia xerográfica, sem a autorização prévia da Editora.

AUTÊNTICA EDITORA LTDA.

Belo Horizonte
Rua Aimorés, 981, 8º andar .
Funcionários . 30140-071
Belo Horizonte . MG
Tel.: (55 31) 3214 5700

Televendas: 0800 283 1322
www.autenticaeditora.com.br

São Paulo
Av. Paulista, 2073 . Conjunto Nacional
Horsa I . 11º andar . Conj. 1101 .
Cerqueira César . 01311-940
São Paulo . SP
Tel.: (55 11) 3034 4468

Dados Internacionais de Catalogação na Publicação (CIP)
(Câmara Brasileira do Livro, SP, Brasil)

Cenci, Angelo Vitório
   Aristóteles & a educação / Angelo Vitório Cenci. -- Belo Horizonte : Autêntica Editora, 2012. -- (Coleção Pensadores & Educação)

   Bibliografia
   ISBN 978-85-8217-058-8

   1. Aristóteles - Educação. 2. Educação - Filosofia 3. Sociologia educacional I.Título. II. Série.

12-11960   CDD-370.1

Índices para catálogo sistemático:
1. Aristóteles : Educação : Filosofia 370.1

> *[...] é preciso cultivar a alma do aprendiz [...] por meio de hábitos, em vista de lhe fazer amar ou detestar o que deve ser, à semelhança da terra que deve fazer frutificar a semente.*
> Aristóteles (EN X 10, 1179b)

Sumário

Introdução 9

**Capítulo I – Aristóteles: trajetória
intelectual e contexto educacional** 11
Aristóteles, pesquisador e educador 11
A pedagogia filosófica de Platão 17
Isócrates e a centralidade
da cultura oratória na educação 21

Capítulo II – Aristóteles e seu sistema de ensino 27
O lugar de Aristóteles na educação 27
As etapas do ensino e
suas respectivas pedagogias 33
Os saberes a ensinar 36

**Capítulo III – O ideal do bem viver
e a virtude moral** 43
O ideal ético do bem viver e a educação 43
O caráter contingente da ação humana e o hábito
como meio de aquisição da virtude moral 48
O meio-termo como parâmetro da virtude moral ... 50

Capítulo IV – A dimensão ética da educação 55
As condições para o agir virtuoso 55
A premissa antropológica fundamental de Aristóteles
e o papel do prazer para a educação 57
A educação mediante a virtude 61

Capítulo V – O sentido comunitário da vida humana e os pressupostos da vida política 67
O sentido comunitário da vida política 67
A concepção de indivíduo 69
Trabalho *versus* tempo livre 71

Capítulo VI – A dimensão política da educação 79
O sentido antropológico da *polis* 80
Cidadania e educação 84
O papel educativo das leis 91

Breve cronologia aristotélica 95

Sites de interesse na internet 96

Abreviaturas 97

Referências 99

Sobre o autor 103

Introdução

Não é possível tematizar o significado das concepções educativas que marcaram o Ocidente sem levar em conta a contribuição deixada pelo pensamento de Aristóteles. O seu alcance, em razão da amplitude, força especulativa e profundidade dos problemas articulados, foi de tal envergadura que Dante, na *Divina comédia*, referiu-se a ele como "o mestre dos que sabem" e na Idade Média, de Al Farabi a Tomás de Aquino, costumava-se denominá-lo de "o filósofo". Seu gênio intelectual, seu modo de pensar como sistema e sua extraordinária capacidade investigativa deram origem a saberes tão amplos e distintos que vão da biologia à economia. No campo da filosofia prática fundou a ética como ciência do agir e compôs sua política a partir de um estudo sistemático sobre o tema, o qual tomou por base mais de uma centena e meia de constituições de cidades de sua época.

A educação, embora nem sempre reconhecida pelos estudiosos como importante em sua obra, é um dos grandes temas presentes nela, especialmente em sua filosofia prática. Ela vincula-se, entre outros aspectos, a uma teoria da virtude moral e a uma concepção de cidadania. A importância atribuída à educação está diretamente associada à ideia de que, se o objetivo da vida humana é o bem viver, e se isso só é possível de modo comunitário, haveria então a necessidade de uma preparação esmerada dos indivíduos para tal. A concepção educativa de Aristóteles deve, pois, ser compreendida em seu vínculo estreito com a filosofia prática. Nesse sentido, tal concepção deve ser buscada a partir de duas dimensões fundamentais, a saber, a ética e a política. Em sua dimensão ética, está vinculada à ideia de um indivíduo cultivado nas virtudes e voltado ao ideal do bem viver (*eudaimonia*). Na dimensão política, está associada à concepção de que o "ser do homem" é encontrado em sua condição de ser vivente político (*zoonpolitikon*) e, pois, em sua vida praticada dentro da esfera comunitária da *polis*. Trata-se de duas dimensões indissociáveis, pois sem o cultivo do caráter mediante a prática de hábitos virtuosos seria difícil projetar uma *polis* orientada ao bem comum. Por outro lado, sem a *polis* e suas instituições éticas a realização plena do ser do homem na forma do bem viver seria impossível.

A educação e a cultura ocidental têm como uma de suas fontes originárias a *Paidia* grega e sua concepção de formação como processo de construção do ser humano. Como assinalou Jaeger (1994), a singularidade e a importância universal dos gregos no que se refere à educação residem no seu modo de entender o lugar do indivíduo na sociedade e de a educação ser pela primeira vez por eles compreendida como um processo de construção consciente. Aristóteles situa-se dentro desta tradição oriunda dos sofistas, Sócrates, Isócrates e Platão, entre outros, e aprofunda-a, de forma que essa construção consciente do ser do homem é projetada a partir da dupla dimensão já mencionada.

Se, por um lado, há elementos hoje insustentáveis em sua concepção educativa, como a exclusão das mulheres, dos escravos e dos estrangeiros da *polis* e a avaliação negativa da infância, há vários outros aspectos que possibilitam uma atualização produtiva. É o caso, dentre outros, da não redução da formação à instrução, do sistema educativo orientado à educação permanente e integral, de seu caráter público, da justa medida como princípio da ação educativa, da educação como processo ativo, da ideia da imposição de limites ao educando e da necessidade do cultivo de si. Nossa pretensão não é a de levar adiante uma exposição exaustiva da educação em Aristóteles, tarefa que fugiria inteiramente aos propósitos deste pequeno livro. Trata-se, antes apenas, de situar Aristóteles e sua proposta educativa em seu contexto e mostrar que sua concepção educativa pode ser entendida como estruturada a partir de duas dimensões fundamentais, a ética e a política.

CAPÍTULO I

ARISTÓTELES: TRAJETÓRIA INTELECTUAL E CONTEXTO EDUCACIONAL

Aristóteles, pesquisador e educador

A tarefa de apresentar aspectos da vida, formação e atuação investigativa e docente de Aristóteles não é tão simples. Não bastasse o fato de as informações sobre tal assunto serem muito fragmentárias, soma-se o de que os testemunhos sobre sua vida e personalidade vêm quase todos de tradição adversa a ele. Seu nascimento ocorreu em Estagira, pequena cidade-estado localizada no nordeste da Grécia, em 384 a.C. Seu pai, Nicômacos, era médico a serviço do rei Aminta III, e seu interesse pela medicina deveu-se, possivelmente, à ligação de sua família com essa área. É provável que por descender de uma família de médicos, conhecida e abastada, tenha recebido uma excelente educação básica. É bem possível que em razão de tal origem tenha sido educado num ambiente intelectualizado e que estivesse bem familiarizado com a literatura científica e filosófica de seu tempo, sobretudo com obras de Platão. Essa familiaridade é possivelmente o que o levou ainda jovem a Atenas para estudar, ingressando aos 17 anos numa das escolas de maior reputação de sua época, a Academia de Platão (367 a.C.), permanecendo nela por 20 anos, até a morte do mestre (347 a.C.). De fato, Platão dirigiu uma das mais importantes escolas filosóficas gregas e o fez por 40 anos; tornara-se um homem famoso e, ao morrer, já era considerado uma figura histórica. Sua obra foi rápida e amplamente difundida.

Diferentemente de Platão, filho da alta aristocracia ateniense, Aristóteles sempre foi considerado um estrangeiro em Atenas, com permissão para ali se estabelecer, mas sem ter direitos políticos. Esse fato, somado à sua ligação com a Macedônia, rival de Atenas, lhe rendeu vários dissabores. Vinte anos após seu ingresso na Academia tem de fugir para a Ásia menor e, 13 anos depois, quando retorna, o faz como amigo próximo de Antípatro, general e regente da Macedônia, num período em que Atenas se encontra sob o domínio desta. Além de ser estrangeiro e identificado com a Macedônia, Aristóteles tinha poucos amigos em Atenas. Outra razão da hostilidade em relação a si residia nas divergências teóricas com as principais orientações filosóficas de seu contexto. Contrapunha-se à retórica da escola de Isócrates e seus discípulos, que possuíam grande influência nessa época em Atenas; tinha divergências com sua própria escola de formação em relação à teoria de Platão e de seus colegas Heráclides, Espeusipo e Xenócrates; possuía ainda querelas teóricas com a escola megárica. Além disso, sua postura polemizadora e possivelmente acrescida de uma certa arrogância de juventude contribuíam para que a tradição antiaristotélica fosse afirmada e difundida enquanto Aristóteles ainda era vivo (DÜRING, 1995).

Aristóteles, todavia, foi alguém que se adaptou bem ao ritmo da Academia platônica. Caracterizou-se como um discípulo zeloso, e a dedicação com que se entregava aos estudos, especialmente à leitura, levou Platão a tê-lo em alta consideração e a dar-lhe o epíteto de "o leitor" e de "a clara inteligência" da escola. Uma das possíveis explicações para esse epíteto é a de que enquanto a maioria dos jovens acadêmicos escutava a leitura dos livros feita pelo *agnostes* – servo adestrado para essa tarefa, com a qual um livro era considerado "publicado" –, Aristóteles os lia (DÜRING, 1995). Foi um leitor voraz por toda a vida, o que ajuda a explicar o fato de ter constituído no Liceu uma vasta biblioteca. Foi um estudioso familiarizado não apenas com as posições da Academia, mas também com obras sofísticas, líricas, épicas e de dramaturgia grega.

A Academia de Platão era uma escola organizada e com um programa que contrastava com o de Isócrates, de perfil mais utilitário e que visava transformar em curto espaço de tempo os jovens discípulos em políticos e cidadãos. Como veremos adiante, na escola de Platão a formação dos jovens se dava mediante um longo processo e se distinguia significativamente da rival isocrática. Quando Aristóteles chegou à Academia, Platão havia recentemente partido para a Sicília, e a figura mais importante da escola era Eudoxo de Cnido. A chegada deste e de seus alunos à Academia a transformara num ponto de encontro de sábios de todo o mundo de língua grega. Nela se reuniam, em condições de igualdade, sábios que discutiam entre si as mais diversas questões de modo a estimularem-se e influenciarem uns aos outros. O jovem Aristóteles, não bastasse sua inteligência apurada, teve a sorte de encontrar-se no momento certo e no lugar certo, o que estimulou de modo profundo seu pensamento.

Em que pese o crescimento das divergências em relação a Platão, Aristóteles manteve-se sempre um membro leal à Academia. Como observa Ross (1987), as escolas filosóficas da antiguidade eram compostas por filósofos que partilhavam as mesmas visões fundamentais, mas ao mesmo tempo seguiam suas linhas de investigação com relativa independência, o que explica por que os estudos sobre ciências naturais de Aristóteles tenham ido muito além do que se fazia a esse respeito na Academia. Aristóteles permaneceu na escola de Platão por 20 anos, dedicando-se exclusivamente à pesquisa e ao ensino. Depois de alguns anos na Academia, Platão lhe atribuiu a tarefa de ensinar, incumbindo-lhe de ministrar o curso de retórica que versava sobre cultura geral e composição literária. Com a morte de Platão e sua substituição por seu sobrinho Espeusipo, que herdou a propriedade da escola e tinha a tendência em transformar a filosofia em matemática, e da emergência de um sentimento antimacedônico em Atenas, que o colocava em perigo, Aristóteles troca esta por Assos, em 347 a.C., aos 38 anos. Esse sentimento deveu-se à queda da cidade de Olinto, em 349 a.C., e à destruição da confederação grega. Düring (1995) afirma haver nesse período dois partidos em Atenas, um que representava uma elite intelectual de orientação pan-helênica e, pois, filomacedônica, e um grupo detentor do poder político completamente avesso a ela. Tratava-se, pois, de um contexto pouco favorável a um estrangeiro identificado com a Macedônia.

A mudança de Atenas dá início a um segundo período de sua trajetória intelectual, o de viagens – por Assos, Lesbos e Macedônia –, que vai de 347 a 334 a.C. Em Assos permaneceu por três anos vinculado a um pequeno círculo de platônicos e contou com apoio do governante da cidade para sua subsistência. Assos era governada por Hérmias, que anteriormente frequentara a Academia e alinhara-se a Felipe da Macedônia. Ali Aristóteles dedica-se à filosofia e às ciências. Nesse local conhece Teofrasto, seu mais fiel aluno e colaborador, o qual, depois de sua morte, recolhe sua herança intelectual. Em seguida, em 345 a.C., após o assassinato de Hérmias pelos persas, que fora também seu grande amigo e cunhado, estabelece-se em Mitilene, na vizinha ilha de Lesbos. Ali inicia um período de intensa atividade de ensino e de pesquisa, sobretudo biológica. Suas obras mais antigas seriam reproduções de cursos ministrados nesse local.

Aos 41 anos, entre 343-342 a.C. tornou-se preceptor do jovem Alexandre, O Grande, a pedido de Felipe II, seu pai. Aristóteles ainda não era muito conhecido e provavelmente o convite deveu-se aos laços com a corte macedônica e com Hérmias. Aristóteles empenhou-se em ajudar a desenvolver no jovem Alexandre as qualidades que entendia ser fundamentais a um soberano. Encaminhava diariamente seu discípulo, que contava então 13 anos, ao professor de ginástica e dedicava-se pessoalmente à sua formação intelectual e moral. Colocava-o em contato com a observação, a leitura e a literatura, reservando um lugar importante à política na esperança de que viesse a se tornar um rei esclarecido. É provável que o ponto forte de seu ensino nesse contexto tenha sido Homero, sobretudo a *Ilíada*. Tanto quanto se sabe, nesse período o próprio Aristóteles escrevia os textos para o ensino, versando, entre outros aspectos, sobre os poetas, política, anatomia e animais. Para a preceptoria de Alexandre ele teria escrito um tratado sobre a monarquia e outro sobre as colônias. Em 340 a.C. Alexandre é nomeado regente, substituindo seu pai no poder, e Aristóteles muda-se para Estagira.

Em 335-334 a.c., logo depois da morte de Felipe e da partida de Alexandre para a conquista da Ásia, dá sua missão docente por encerrada junto a este e volta a Atenas, após 12 anos longe desta, e aos 49 funda o Liceu (*Lykeion*), sua própria escola, a qual dirige por 12 ou 13 anos, período que coincide com a ocupação macedônica sobre Atenas. Em suas atividades no Liceu novamente ensino e pesquisa se completavam mutuamente. Após as aulas de retórica ministradas na Academia de Platão, a carreira docente de Aristóteles desenvolve-se com a preceptoria de Alexandre e, por fim, no Liceu. Neste dedica-se à pesquisa, à escrita e ao ensino. Especula-se que Aristóteles confiava alternadamente a direção do Liceu a todo o corpo docente, cada um assumindo-a por dez dias, e que o responsável tinha, durante esse período, a direção dos debates sustentando suas teses contra todos os possíveis contrapositores.

No Liceu ministrava lições esotéricas e exotéricas. As primeiras, levadas adiante pela manhã na forma de caminhadas, eram destinadas aos que possuíam conhecimentos prévios indispensáveis e versavam sobre temas mais abstratos como lógica, física e metafísica. As lições exotéricas, ministradas após o meio-dia ou à noite, eram abertas ao público mais amplo, tratando sobre retórica, sofística, política, economia, etc. O apoio pedagógico vinha da biblioteca e das coleções de animais que equipavam o Liceu. Ele teria reunido algumas centenas de manuscritos, mapas e objetos que ilustravam suas lições de história natural. Para a época tratava-se de uma biblioteca extraordinária. A biblioteca do Liceu teria servido de modelo para as de Alexandria e Pérgamo. Como destacou Ross, o trabalho intelectual desenvolvido no Liceu implicava uma energia de espírito provavelmente sem paralelo, de modo a fixar "as linhas gerais fundamentais da classificação das ciências, da forma que ainda hoje permanece, tendo conduzido a maior parte das ciências a um grau de desenvolvimento muito para além do até aí registrado. Nalgumas delas, tal como a lógica, podemos afirmar de modo justo que não possui nenhum predecessor e, mesmo durante séculos, nenhum sucessor de mérito" (1987, p. 18).

Em 323 a.C., com a morte de Alexandre, volta a reinar em Atenas um sentimento antimacedônico. Acusado de impiedade, teria optado por retirar-se de Atenas para que os atenienses não cometessem pela segunda vez, a exemplo do que acontecera com a condenação e morte de Sócrates, um "pecado contra a filosofia". Acusado também de simpatia pela Macedônia, dado suas ligações com esta, troca Atenas por Calcis, na ilha de Eubeia, voltando à casa de sua mãe, dedicando-se lá à pesquisa e abandonando temporariamente sua função de professor e de diretor do Liceu, que fora delegada a Teofrasto. Falece em Calcis, em 322 a.C., aos 62 anos de idade.

Aristóteles foi um gênio, como reconheceu Hegel. Ocupou-se de todos os temas de pesquisa de sua época. Desenvolveu uma lógica formal, uma lógica dialética (discursiva), uma teoria da retórica e da literatura, uma psicologia, uma economia, uma filosofia política, a ética em diferentes tratados, e ocupou-se com biologia, entre outros saberes. Foi revolucionário na pesquisa empírica e na pesquisa filosófica, desenvolveu tanto pesquisas descritivas quanto normativas; ao mesmo tempo foi um erudito, ocupando-se de áreas que vão da história da filosofia e dramaturgia à filologia de obras de Homero. Soube evitar o risco de estabelecer uma unidade homogênea para os diferentes saberes que investigou defendendo, junto com princípios próprios das disciplinas específicas, uma pluralidade de princípios comuns de competência das diferentes disciplinas de sua época. Como observa Hoffe, sua obra é uma "verdadeira enciclopédia do saber" (2008, p. 33).

A pedagogia filosófica de Platão

No período em que Aristóteles chega a Atenas e desenvolve sua formação intelectual, duas escolas tinham assumido especial destaque em termos de formação dos jovens. Apresentá-las, mesmo que brevemente, nos ajudará na sequência a situar alguns aspectos em que há continuidade e outros em que há diferenças importantes entre Aristóteles e elas. Cada uma dessas escolas, à sua maneira, havia desenvolvido uma concepção educativa própria, e a força de ambas será tamanha que se tornarão símbolos da *paideia* grega. Trata-se de Platão (427-348 a.C.) e Isócrates (436-338 a.C.), dois grandes mestres que contribuíram de modo decisivo para a educação e para o delineamento claro e definitivo dos parâmetros gerais da cultura superior na Grécia. Platão e Isócrates desenvolveram duas pedagogias distintas, pois enquanto o primeiro ancorou-se numa perspectiva inequivocamente filosófica, o segundo valeu-se da oratória, trazendo a ela importantes inovações.

Platão, diferentemente de alguns de seus discípulos, que se consideravam cidadãos do mundo, foi um homem da cidade antiga, ligado ao ideal do valor político como o mais elevado significado do destino humano, próprio do século anterior. Todavia, seu ideal educativo nada tem de arcaico, não é mais o de tipo guerreiro, ainda predominante em Esparta, mas o da vida política. Sua Academia não era apenas uma escola filosófica, mas também um âmbito de formação política (Marrou, 1990). A educação concebida para tal formação é orientada por um ideal de alta cultura, que aspira à posse do saber verdadeiro baseado no rigor demonstrativo, como o retrata, por exemplo, a alegoria da caverna em *A república* (VII, 514a).

A educação – "a arte do desejo do bem" (Rep, VII, 518d) – é concebida por Platão como algo progressivo. Se no topo do sistema estavam os estudos filosóficos que demandavam um sofisticado grau de exigências para serem alcançados, na base estava uma educação preparatória. Esse nível da educação não visava ainda à ciência verdadeira, mas sim tornar o ser humano capaz de vir a acessá-la mediante o desenvolvimento harmonioso do corpo e do espírito, orientação já conhecida dos antigos e bem elucidada pela expressão "a ginástica para o corpo e a música para a alma" (Rep, II, 376e; Leis, VII, 795d-e). Essa posição não significa uma ruptura, antes sim um enriquecimento da educação tradicional. Assim como era de costume entre os gregos, a educação no sentido próprio do termo iniciava-se somente aos sete anos de idade, antes o tempo das crianças deveria ser ocupado com jogos educativos (Leis, I, 643b-c).

Em relação à ginástica, Platão se opõe veementemente ao espírito de competição disseminado em sua época, postura que será adotada também por Aristóteles. Ela se subdivide em luta e dança, começa na infância e se estende por toda a vida (Rep, III, 401c). Quanto à luta, que tinha como finalidade original a preparação para a guerra, deveria ser estimulada a do tipo que não tinha apenas o intuito de obter a vitória, mas também alcançar a agilidade, a firmeza e a elegância na postura, bem como a força e a saúde (Leis, VII, 795e-796a). Platão atribui à ginástica um papel educativo equivalente ao da cultura intelectual. Ele julga que a educação deve propiciar harmonicamente tanto a prática da ginástica quanto a da música, pois o exercício exclusivo da primeira torna os sujeitos "grosseiros", enquanto a prática exclusiva da segunda torna-os "moles" (Rep, III, 410d). Inclui na área da ginástica também orientações que eram típicas da medicina de seu tempo, como as referentes à higiene, à manutenção da saúde e ao regime alimentar.

À ginástica era acrescentada a dança, vinculada ao canto coral (Leis, II, 653e-654d). A dança possuía um importante papel educativo em razão de ser o meio de disciplinar a necessidade espontânea de todo jovem de agitar-se (Leis, II, 653d-e), contribuindo também, dessa forma, para a disciplina moral. A educação musical possui um papel capital em razão de que o ritmo e a harmonia penetram e afetam a alma com profundidade, trazendo consigo o ideal de nobreza, beleza e perfeição (Rep, III, 401d). Como observa Platão, o homem bem educado é capaz de cantar bem e dançar com elegância, e "são belos todos os gestos próprios para dar expressão à virtude da alma ou à do corpo ou a qualquer de suas imagens, e precisamente o contrário disso as que dão expressão ao vício" (Leis, II, 655b). A educação musical leva a conhecer a temperança, a coragem, a generosidade e a grandeza da alma (Rep, III, 402c).

Marrou (1990) observa, no entanto, que o lugar concedido por Platão aos aspectos espirituais da cultura indica que o papel da educação física passara para um segundo plano em sua época, o que significa que lentamente a cultura helênica distanciara-se de suas origens cavalheirescas para evoluir na direção de uma cultura de letrados. A música ocupa sempre um lugar de honra na educação, como atesta a República (III, 401e-403c), bem ao espírito da educação tradicional. A valorização da música por Platão era uma forma de oposição às tendências da época de debilidade do espírito e relaxamento moral, como fora por ele destacado nas Leis (II, 655d-656b). Mas a música também começava a perder espaço para as letras (Leis, VII, 809b-812a-c), com a nova orientação de levar as crianças a aprenderem a ler e a escrever para depois estudarem os autores clássicos integralmente (Leis, VII, 810b) ou em trechos selecionados (Leis, VII, 811a).

Platão confere um papel muito importante também a outra classe de estudos e que deveria se fazer presente desde o início em todos os níveis do ensino, as matemáticas. Tratava-se de uma inovação pedagógica inspirada nas práticas egípcias, provavelmente introduzida por influência de seu discípulo Eudoxo de Cnido, que fizera estágio de estudos no Egito. Desde crianças os educandos deveriam ser instados a estudar matemáticas, inicialmente mediante a forma de jogo, conforme o princípio de que nada permanece na alma que tenha entrado pela violência (Rep, VII, 536d-e), razão também pela qual observa: "[...] não eduques as crianças no estudo pela violência, mas a brincar, a fim de ficares mais habilitado a descobrir as tendências naturais de cada um" (Rep, VII,

537a). O objetivo, nessa etapa, é estudá-las para aplicá-las na vida prática (Rep, VII, 522c-527e) e para preparar o estudo da dialética (Rep, VII, 536d). O sentido prático inicial do seu estudo deve conter uma finalidade mais profunda, a de despertar o espírito para que adquira memória, constância e vivacidade (Rep, VII, 535b-d). Como o traduz o mito da caverna, no livro VII de *A república*, as matemáticas são o principal meio da conversão da alma, o que lhe possibilita tanto contemplar a própria realidade, ao invés das sombras dos objetos reais (Rep, VII, 521d; 532a-c), quanto conduzir os que a praticam naturalmente à inteligência e à elevação até o Ser (Rep, VII, 523a).

Para Platão, as matemáticas devem possuir um papel propedêutico e, todavia, ultrapassar as preocupações utilitárias, formando um espírito capaz de receber a verdade inteligível. O seu estudo não deve ser limitado ao seu sentido prático, mas visar a um grau superior de abstração. Há a necessidade de levar em conta as aptidões e a formação preliminar dos discípulos para prepará-los aos estudos superiores e à matemática, sem deixar de considerar o lugar eminente ocupado a esse respeito pela contribuição propedêutica da educação literária, física e artística. Aliás, a matemática, assim como a ginástica, acompanha todo o processo educativo, de ponta a ponta. Platão foi o precursor dessa exigência de iniciação dos candidatos para a busca da verdade racional (a alta cultura filosófica). O processo educativo, tal como ele o compreende é, pois, longo e exigente e envolve vários ciclos (Rep, VII, 537b-540b). O primeiro se dá na família (3 aos 6 anos); o segundo é o dos estudos primários (6 aos 10 anos); o terceiro é o dos estudos secundários (10 a 17/18 anos: dos 10 aos 13, estudos literários; dos 13 aos 16, estudos musicais); o quarto é a efebia, o período do serviço militar em que os estudos intelectuais são temporariamente interrompidos (17/18 aos 20 anos). Por fim, há o período dos altos estudos (dos 20 aos 30 anos), que exige a continuidade do estudo das ciências num nível superior em que o estudioso deve habituar-se aos poucos a uma visão de conjunto delas (Rep, VII, 537b-c). É somente aos 30 anos que se poderá tratar da dialética, o método propriamente filosófico, o que demandará ainda cinco anos de dedicação. Para ficar perfeita, a cultura do filósofo necessitará ainda a participação na vida ativa da cidade por 15 anos para adquirir experiências e completar sua formação moral. Por essa razão, são necessários 50 anos para que tal processo alcance seu objetivo pleno, ou seja, são necessários 50 anos para se formar um homem (Rep, VII, 540a).

Marrou (1990) destaca que esse programa era um desafio ao espírito prático dos atenienses e que pela sua enorme ambição e pelo tamanho de sua exigência deixava sem solução o problema pedagógico central proposto pela sociedade ateniense do século IV a.C., a saber, como educar os setores de tal sociedade. O programa de Platão acabaria restringindo-se, em última instância, em selecionar e formar um pequeno grupo de filósofos-governantes e, após as fracassadas tentativas empíricas de levar a cabo o objetivo de reformar a cidade, acabara por renunciar a tal pretensão, voltando-se para a cidade interior que o filósofo traz dentro de si próprio (Rep, IX, 591e).

Isócrates e a centralidade da cultura oratória na educação

O outro grande mestre da tradição pedagógica clássica ateniense, Isócrates (436-338 a.C.), elabora sua concepção educativa de maneira rival e muito distinta de Platão no que tange aos meios e objetivos da educação. Sua vida, obra e pensamento se localizam num plano muito mais modesto que o de Platão e como educador ele estaria mais próximo do homem médio culto de Atenas. Seu esforço visava formar uma elite intelectual e isso era orientado por um interesse imediato, político. Como observa Marrou (1990), Isócrates não era um filósofo no sentido estrito do termo e será o mestre por excelência da cultura oratória que deu sustentação a uma educação literária que marcou profundamente não apenas a Grécia do quarto século a.C. e, depois, o mundo helenístico e o romano, mas toda a educação literária da tradição ocidental. Para Werner Jaeger, "Isócrates entendia que era a retórica, e não a filosofia em sentido platônico, a forma espiritual que melhor podia plasmar o conteúdo político e ético da época e a mais apta a convertê-lo em patrimônio universal" (1994, p. 1067).

Isócrates foi um educador profissional, professor de eloquência por 55 anos (393-338 a.C.). Dirigiu sua escola em Atenas, a qual era aberta ao público e paga pelos próprios discípulos para ciclos de estudos de três ou quatro anos. Sua escola fizera sucesso em Atenas, sendo bem-sucedida tanto financeiramente quanto no número de alunos, muitos originários dos confins do mundo grego. Ela se constituiu num centro de formação de homens políticos, e Isócrates era um mestre que exercia sobre seus discípulos uma influência profunda (SE, p. 87-88). Seu ensino possuía um forte senso de eficácia prática, visando formar professores, técnicos em discussão e, sobretudo, homens cultos, preparados para bem julgarem e participarem das discussões da vida cotidiana. Sua época foi marcada pelas guerras médicas (500-449 a.C.), sucedidas pela guerra do Peloponeso (431-404 a.C.) e pela consequente decadência de Atenas. Ao esforço e ao desgaste de lutar contra os persas somavam-se, nesse período, as lutas fratricidas entre os próprios gregos. Isócrates foi alguém fortemente comprometido com sua época e com sua pátria e a educação fornecida por sua escola propunha, contra o perigo externo dos persas, uma aliança pan-helênica e, para os problemas internos, a formação de novos dirigentes políticos por meio da eloquência, visando torná-los virtuosos e cultos. A base de todo seu ensino era a arte de bem falar, já presente nos grandes sofistas. Seus mestres foram Pródicos e Górgias.

Isócrates, assim como Platão, vale-se da educação tradicional grega acrescentando a ela inovações pedagógicas presentes em seu tempo. Tratava-se de uma educação voltada à integralidade do ser humano, situando a ginástica e a cultura intelectual como disciplinas fundamentais e com igual importância (SE, 180-185). Aos estudos literários acrescenta as matemáticas, destacando, a exemplo de Platão, o papel formativo destas por habituarem o espírito ao trabalho disciplinado (SE, 265). Isócrates, todavia, acrescenta às matemáticas a erística, a arte da discussão mediante o diálogo (SE, 261), também denominada de dialética ou de filosofia. Todavia, restringe tais estudos ao nível da educação secundária, diferentemente de Platão, que demandava para tal anos de experiência e maturidade. Também de modo diferente de Platão, o ensino superior é dedicado à arte retórica. Se para Platão esta era simples aplicação da dialética, para Isócrates, diferentemente, ela era considerada como uma arte autônoma e suprema. Com as inovações que traz a essa arte Isócrates distancia-se dos sofistas, uma vez que para ele a retórica não é algo formal e nem é tomada como instrumento de mero sucesso pessoal.

Para Isócrates a grandeza de Atenas não residia na capacidade de preparar-se para a guerra ou em sua bela constituição, mas na superioridade que se manifestava no plano cultural, sobretudo nas condições que possuía de favorecer a cultura intelectual (SE, 293-300). Seu ideal cultural e educativo resulta em algo de valor universal, a saber, o que faz do homem um homem é a linguagem. A retórica, e nela a palavra, está no centro de sua concepção de cultura e educação:

> [...] mas porque nós recebemos a capacidade de nos convencermos mutuamente e de tornar claro a nós mesmos o que decidimos, não apenas nos libertamos da vida selvagem, mas nos reunimos para construir cidades, estabelecemos leis, descobrimos ofícios e em quase todas as nossas invenções é a palavra que nos permitiu de lhes conduzir ao êxito. É a palavra que estabeleceu os limites legais entre a justiça e a injustiça, entre o mal e o bem e, se essa separação não tivesse sido estabelecida, nós seríamos incapazes de morar próximos uns dos outros. [...] É graças à palavra que educamos os ignorantes e colocamos à prova os sábios, pois fazemos da palavra precisa o melhor testemunho do pensamento justo; uma

palavra verdadeira, conforme a lei e a justiça, é a imagem de uma alma sadia e leal. É com o auxílio da palavra que discutimos sobre o que é controvertido e investigamos o desconhecido. [...] a palavra é a guia de todas as nossas ações, assim como de todos os nossos pensamentos (SE, 254-257, p. 165-166).

Sua ênfase à eloquência deve-se à capacidade desta em levar a um público amplo temas de interesse humano. Aplicar o pensamento a grandes temas era entendido por ele como meio de contribuir com a educação do caráter do próprio sujeito. A retórica converte-se em ética e para ele a virtude não pode ser ensinada nem é conhecimento, como defendiam os socráticos. Ela é entendida como uma arte capaz de desenvolver a honestidade e a justiça e de aproximar o sujeito de homens de alma elevada, capazes de ajudarem a humanidade e de visarem ao interesse geral (SE, 276). Seu grande esforço era o de envolver seus discípulos na prática da vida política, ensinando-os a formarem uma opinião razoável sobre as coisas. O homem verdadeiramente culto é o que tem o dom de atinar com a solução mais adequada a cada situação em razão de ter uma opinião justa. Isócrates caracteriza do seguinte modo os homens verdadeiramente educados, numa célebre passagem de sua obra:

> São, em primeiro lugar, os que tratam com sabedoria os assuntos que se apresentam cotidianamente e que têm sobre cada situação um juízo esclarecido e capaz de lhes conduzir na maioria das vezes ao fim que lhes é vantajoso. São, depois, os homens que se mostram fiéis à justiça e às conveniências com seus amigos e que suportam com paciência e com benevolência o humor triste dos outros homens e suas importunações [...]. São, ainda, os homens que dominam sempre os prazeres e que não se deixam abater por completo nas circunstâncias adversas, que sabem suportá-las com uma nobre coragem e com a dignidade que comporta nossa natureza. Enfim, e é aí que se encontra a verdadeira grandeza, são os homens

que não são corrompidos pela prosperidade, os que não desvirtuam seu caráter, nem se tornam soberbos, mas antes permanecem circunscritos pela moderação e que não atribuem mais importância aos bens oriundos da sorte que às vantagens que receberam da natureza ou de sua própria sabedoria. Quanto àqueles em que as faculdades da alma estão numa feliz harmonia, não apenas com uma de suas qualidades, mas com todas elas, digo que esses são verdadeiros sábios, homens completos, dotados de todas as virtudes (Pan, 30-32, p. 11).

Essa passagem de sua obra ajuda a entender por que, na expressão de Marrou (1990, p. 146), a oposição de Isócrates a Platão é a do "esprit de finesse" ao "esprit géometrique". Isócrates pretende desenvolver em seus discípulos o espírito de resolução para tornar justa a opinião destes. Em sua perspectiva é a cultura literária e não a ciência o instrumento apropriado para aprimorar o senso de julgamento, a capacidade de elaborar uma opinião justa em cada circunstância.

Capítulo II

Aristóteles e seu sistema de ensino

O lugar de Aristóteles na educação

Aristóteles foi lido por vários historiadores da educação como alguém que deu uma contribuição pouco original a essa área, se comparado a Platão e Isócrates, contemporâneos seus que retomaram a herança sofística e a modificaram. Certamente há motivos para esse tipo de leitura. Um deles é o de que os livros VII e VIII da *Política*, os que restaram de seu modelo educativo, teriam sido elaborados numa fase ainda "idealista", platônica, tendo sido diretamente influenciados pelas *Leis* de Platão (Aubonnet). Da posição acerca da pouca originalidade de tais escritos compartilham também autores como Werner Jaeger e Henri Marrou. Este último (1990) reconhece, todavia, que o estagirita foi uma espécie de precursor ao atribuir ao legislador a obrigação de tratar de educação, o que faz, ao mesmo tempo, com que formule uma solução inovadora ao problema, crítico em sua época, dos conteúdos e métodos de ensino e que desenvolva uma análise detalhada das instituições educativas, como o efebo. Muitos filósofos expositores de seu pensamento, tais como Hoffe (2008), Düring (1995) e Guariglia (1997), não dedicam nenhum espaço à sua concepção de educação. O próprio Ross (1987) concede menos de três páginas a esse tema. Nesse sentido, no dizer de Lombard (1994), o "mestre dos que sabem" não seria propriamente um "mestre dos que ensinam ou dos que aprendem".

Lombard (1994) observa que os livros VII e VIII da *Política*, os únicos escritos substanciais que restaram de Aristóteles sobre educação, foram escritos na primeira fase de seu pensamento, platonisante, embora nada esteja estabelecido de maneira completamente certa a esse respeito. Todavia, reconhece ser pouco provável que tais textos não tenham sofrido modificações ou retoques com a experiência pedagógica de Aristóteles e com o transcorrer de sua carreira profissional. O fato de não terem restado outros escritos sobre educação é a razão mais provável pela qual a concepção educativa de Aristóteles seja considerada pouco original, por vezes uma simples continuidade das teses educativas de Platão. De seu tratado sobre a educação restou apenas um fragmento insignificante e o desenvolvimento de seu sistema educativo na *Política* é bruscamente interrompido, o que sugere que ao menos parte do texto tenha sido perdido.

Olhando sob um prisma de conjunto há um interesse constante pela educação que perpassa sua vida e sua obra e ele reside na ideia central de bem viver (*eudaimonia*), presente na base tanto da ética quanto da política. Além disso, é possível identificar nele um vínculo profundo entre o pesquisador-enciclopedista e o mestre-professor, uma vez que suas descobertas convertem-se em conteúdo de ensino. Nesse sentido, a obra de Aristóteles permaneceria fiel ao preceito da *Metafísica* de que "o sinal que distingue o sábio do ignorante é a capacidade de ensinar" (Mét, I, 1, 981b). O próprio modo de proceder acadêmico de Aristóteles, examinando detalhadamente em todas as matérias as opiniões correntes a respeito de cada assunto, serve de inspiração pedagógica. Nesse sentido, mais que um mestre Aristóteles foi um organizador que elaborava programas de pesquisa e de ensino precisos, dividindo as pesquisas nos mais variados domínios e sintetizando os resultados obtidos.

Suas concepções educativas foram elaboradas num contexto de crise pedagógica. Atenas se encontrava em plena crise, assim como várias outras cidades gregas. Platão e Isócrates, representantes de duas das mais importantes escolas de Atenas da época, já haviam se deparado e tratado desse problema, como já indicamos anteriormente. Desde o século V a.C. a transformação das práticas educativas em Atenas tinha sido grande a ponto de Aristóteles distinguir uma educação nova de outra antiga, de modo a elogiar aquela e lamentar a decadência provocada pelo ensino dos sofistas. O espírito de lucro, presente em Atenas nesse contexto, importava mais que o sentido cívico, o que revelava uma crise de valores estreitamente ligada a uma crise educativa.

O diagnóstico de Aristóteles a esse respeito é que o Estado se desinteressara pela educação, e a defesa da educação pública que o estagirita faz deve ser entendida a partir de tal desinteresse (Pol, VIII, 1, 1337a). O resultado é que à época cada um vivia e educava seus filhos como bem entendesse, de modo que os jovens cresciam divididos ao invés de estarem unidos na busca de um ideal comum. A educação mais e mais se impregnava de um espírito utilitarista, perdendo de vista a formação do cidadão. Para Aristóteles, a escola, quando desvinculada das finalidades da cidade e de seus ideais comuns, não sabe mais o que e como ensinar. A crise de Atenas é, pois, para Aristóteles, uma crise educativa. Todavia, ele não aceita para essa crise uma saída aos moldes da educação espartana, que despertava certo entusiasmo à sua época. A seu juízo a educação espartana se limitava a desenvolver a virtude guerreira, e esta não seria sequer garantia de êxito militar.

Na base de tal diagnóstico há um projeto político e filosófico. O projeto educativo ambicioso de Platão tinha deixado sem solução o problema da formação do cidadão, sobretudo por não conseguir levar a uma cidade real, mas à ideal que o filósofo carrega nele mesmo (Rep, IX, 591e). A escola de Isócrates também formava seus discípulos para a vida política, mas estava muito voltada à eloquência política, mesmo que seu objetivo fosse cívico e patriótico. Em suma, nem Platão e a cultura filosófica, nem Isócrates e a cultura retórica seriam orientações satisfatórias para um projeto educativo a ser edificado a partir do diagnóstico aristotélico. Seu objetivo não é mais, como em Platão, o de tornar a cidade filosófica, mas desenvolver uma reflexão política que permita a construção da cidade e dos cidadãos uma vez que a finalidade do homem e a do cidadão são as mesmas e, pois, a natureza do homem só pode ser efetivada na *polis*.

Trata-se, pois, de um contexto em que as instituições educativas se contradizem. A crise é decorrente de duas tendências: uma mais antiga, que fazia do Estado o principal poder educativo e onde a lei regrava o sistema pedagógico, e outra nova, ocupando o espaço da antiga, em que os pais se tornaram os árbitros soberanos, cada um ensinando o que lhe aprouvesse a seus filhos e da maneira que lhe conviesse. A primeira tendência estava em vias de desaparecer e a tônica, resultante da omissão do Estado, era a anarquia desenfreada. A tendência nova se caracterizava pelo contraste existente entre a concepção política dominante – de que o cidadão existe para a cidade – e o regime educativo em relação ao qual a *polis* se tornara negligente. A falta de harmonia se fazia presente não apenas entre as instituições pedagógicas, mas também entre elas e as ideias gerais que constituíam o espírito público.

Aristóteles propõe-se a restaurar o poder pedagógico do Estado e se situa como partidário da antiga tradição que defendia o papel do legislador em matérias de educação. Como seu interesse é ter cidadãos bem-educados, ele encontra uma colaboração na família, instituição entendida por ele como produzida pela natureza para facilitar o papel de educador do Estado. A família tem um papel auxiliar indispensável, mas a *polis* é quem deveria dar as cartas do jogo. Em seu projeto de reforma educativa, a *polis* e a família se encontram lado a lado, de modo similar ao papel que elas tinham ocupado outrora. Os pais retomam o lugar educativo subordinado que eles tiveram no passado, mas o fazem em condições de segurança e de estabilidade até agora desconhecidas, pois são providos de uma capacidade – oriunda de uma concessão irrevogável do Estado – que lhes protege do arbítrio da autoridade política. Ao restringir o poder dos pais, Aristóteles fortalece, ao mesmo tempo, tal poder, colocando-o sobre uma base nova e mais sólida. Ao fazer isso ele se coloca em consonância com uma época que exalta o papel da família, obedecendo a voz do passado, mas sem deixar de ouvir a voz do presente (Defourny, 1920).

Algo semelhante acontecia em relação aos programas de ensino. O ensino das letras na instrução primária padecia de uma sobrecarga, visando formar eruditos; o ensino da música se refinara e se complexificara, tendendo a formar especialistas; a ginástica, exceto em Atenas, tendia a formar atletas. Portanto, tratava-se de um nível de exigência muito alto para a maioria das crianças. O resultado era a tendência da escola em formar especialistas, brilhantes numa das matérias, mas nulos no conjunto dos saberes. Em outros termos, ela não fornecia mais a cultura geral necessária para formar o homem e o cidadão. Isso gerava uma inversão de valores, pois o indivíduo ficava limitado a uma das matérias. A prática simultânea das matérias que englobavam o saber escolar deveria desenvolver harmoniosamente todas as faculdades, a saber, a inteligência pelas letras, o coração pela música e o corpo pela ginástica (Defourny, 1920).

Em que pese o esmero de Aristóteles em conservar aspectos da antiga tradição pedagógica grega, ele, sensível às necessidades de seu tempo, faz inovações importantes. O desenho, que tinha sido introduzido no ensino primário durante o século IV a.C., é absorvido em seu programa educativo. Se a ginástica antiga buscava a habilidade nos exercícios, a atual visava à beleza e à higiene corporal. O mesmo objetivo de conciliar o antigo com o novo aparece em relação à educação especializada. Ele não se coloca contra ela, apenas entende que deva ser situada em seu devido momento e lugar e destinada a outros que não os homens livres. É o caso da erudição e da ciência que deveriam ser desenvolvidas numa idade mais avançada e somente por uma elite; a música e a ginástica especializadas deveriam ser desenvolvidas em escola especializada e por pessoas que não fossem cidadãs (Defourny, 1920).

De acordo com Lombard (1994), um dos maiores méritos das reflexões de Aristóteles sobre a educação está em ter respondido às questões que se colocavam a Atenas em seu contexto de crise educacional e de tê-lo feito equilibrando a tradição com inovações necessárias a serem desenvolvidas, como é o caso de conceber a educação como dever da *polis*. É da educação pública que Aristóteles se ocupa, a qual é idêntica para todos os homens livres para estarem em condições de tomarem parte das tarefas públicas, assembleias, etc. A crise educativa que se fazia presente em Atenas obscurecera tais objetivos educativos, perdidos de vista pela *polis* e pelos pais, e tornara anárquico seu sistema de ensino. Ela colocara em questão o sentido da cidadania, tão caro aos gregos. Seu esforço vai no sentido de retomar a responsabilidade da *polis*, articulando de modo consonante os meios educativos e os fins de natureza política. Tratava-se da questão do próprio bem-estar dos homens e da *polis*, a qual dependia, a seu juízo, de colocar corretamente o objetivo e a finalidade das ações (Pol, VII, 13, 1331b).

Aristóteles adota uma postura equilibrada nessa tarefa. Nem restaura *tout court* a tradição, nem propõe mudanças radicais. Ele atribui um papel à família, à qual é incumbida a educação de zero a sete anos, mas confere ao Estado o papel da educação escolar. Ele concede aos pais e à escola certa independência para educar seus filhos, mas atribui à família e à escola um poder mais restrito que aquele que tais instituições tinham se auto-atribuído para tal. Fazia-se necessário, pois, retomar práticas antigas e promover mudanças que se impunham em seu contexto educativo. Exemplo dessa postura está em consagrar o desenho, o que era uma novidade, e preferir a ginástica moderna à antiga. Outro traço de sua concepção educativa, além do seu caráter público, é sua total laicidade. Mesmo que fosse uma instituição nacional, a religião não possui nenhum papel na educação, até porque a concepção de Deus como primeiro motor, único e imóvel, que não criou o mundo, possui uma relação puramente mecânica com o mundo (Mét, XII).

Sua contribuição educativa e sua concepção de homem resultarão depois no humanismo clássico. Nesse sentido, a educação aristotélica "define as disciplinas, os programas, os métodos que exprimem perfeitamente a aspiração humanista para o 'homem total', que está, por essência, para além de toda educação e não se conquista senão pela cultura [...]" (LOMBARD, 1994, p. 145-146). O ideal desinteressado de educação de Aristóteles fazia da cultura o meio natural do homem e dominará toda a história da educação. O ideal humanista de uma educação voltada à formação moral também decorre de Aristóteles e de sua insistência em mostrar que a filosofia e a pedagogia tinham por finalidade cultivar um determinado tipo de vida e um sistema de virtudes morais.

As etapas do ensino e suas respectivas pedagogias

A estruturação das matérias de ensino e suas respectivas pedagogias pode ser situada a partir do diagnóstico da crise educativa grega feito por Aristóteles e a observância da distinção das etapas da educação seguindo uma prática consagrada pela tradição pedagógica ateniense. Antes da educação propriamente dita há a *trophé*, que corresponde ao período que vai de zero a sete anos de vida da criança. *Trophé* significa criação, período em que a criança é alimentada em casa e cuidada pela mãe e onde deve dar-se atenção ao vigor físico, com movimentos compatíveis à idade. Dos cinco aos sete anos as crianças já podiam estar presentes às aulas, que mais tarde seriam por elas frequentadas formalmente (Pol, VII, 17, 1336b). Esse vínculo, no entanto, é incipiente ou passivo. Nessa fase a criança deverá ter uma alimentação rica em leite, exercitar o corpo, habituar-se ao frio e até os cinco anos seu desenvolvimento dar-se-á através de jogos infantis (Pol, VII, 17, 1336a-b).

Aristóteles leva em conta as características da infância para dividir as etapas da educação, mas há que se considerar que ele define por muitas vezes a infância de maneira negativa, como quando equivale as crianças aos escravos e aos animais em relação a sua atração por qualquer tipo de música (Pol, VIII, 6, 1341a). Na *Retórica* refere-se com um grande desdém à infância, observando que não se atribui nenhuma importância à honra ou à opinião daqueles que se costuma levar pouco em conta, como as crianças e os animais (Ret, I, 11, 1371a). A infância é marcada pela imperfeição, e nada poderia ter sido mais estranho aos gregos que a preocupação atual com uma educação específica para essa fase, como a educação maternal. A infância é entendida também como inferior, nela o ser humano está ainda incompleto e sua insuficiência desaparece com ela mesma.

O ensino demanda a inteligência e não poderá ser dispensado antes que a razão esteja desenvolvida de modo satisfatório. Durante a *troph*é, diferentemente, cabe recorrer à coação ou à imitação. A razão e a inteligência são a finalidade do desenvolvimento natural, e elas se desenvolvem com o tempo: "[...] a irascibilidade e a vontade, e a elas acrescentam-se igualmente os apetites, existem nas crianças desde o seu nascimento, enquanto que o raciocínio e a inteligência só surgem nelas na medida em que crescem" (Pol, VII, 16, 1334b). E é o desenvolvimento das faculdades em diferentes momentos da vida o que indica o tipo de pedagogia a ser adotado. Assim, em primeiro lugar "é necessário que o cuidado do corpo preceda o da alma e, em segundo lugar, deve vir o cuidado relativo ao desejo: todavia, o cuidado do desejo deve ter em vista o intelecto e o cuidado do corpo deve ter em vista a alma" (Pol, VII, 16, 1334b).

A educação pública, a *paideia*, começa após a *troph*é e subdivide-se em dois períodos, o primeiro dos sete anos até a puberdade, por volta dos 14 anos, e desta até os 21 anos, que é quando se completa a *paideia* e então o caráter coativo dos programas de ensino acaba. O esforço de Aristóteles reside em elaborar um programa geral de formação do cidadão. Pode-se falar, olhando para o conjunto de tal programa, de uma educação passiva e de uma educação ativa (LOMBARD, 1994). Como foi observado, até os sete anos a educação é voltada aos jogos e depende da família, é privada ou pré-escolar, e seu objetivo é a socialização e a aquisição inicial da linguagem. Durante essa fase os estudos e os exercícios forçados não devem ser praticados para evitar deformações.

Os jogos, assim como as estórias e as fábulas, têm o papel de preparar para as ocupações que terão de assumir mais tarde, razão pela qual há a necessidade da imitação das tarefas sérias próprias de sua vida futura (Pol, VII, 17, 1336a). O jogo infantil possui uma função educativa, que é a de possibilitar à criança a obtenção de um domínio inicial dos sentidos, dos gestos e do real. Ele facilita a aprendizagem e é concebido como preparação para o esforço, aspecto central da pedagogia ativa. Deve-se, todavia, ter o cuidado de não cansar ao mesmo tempo o espírito e o corpo da criança, pois esses dois tipos de fadiga produzem resultados opostos: assim como a fadiga do corpo é um obstáculo para o espírito, do mesmo modo a fadiga do espírito é um obstáculo para o desenvolvimento do corpo (Pol, VIII, 4, 1339a). O papel da educação passiva é preservar a criança, no período até os sete anos, de más influências e da deformação do corpo por exercícios inadequados para sua fase. Esse aspecto, que está na base da educação passiva, deve ter sido postulado por Aristóteles em razão de sua condenação da pedagogia espartana.

A passagem à pedagogia ativa corresponde à passagem da pedagogia do jogo para a pedagogia do esforço e do exercício. A pedagogia ativa é progressiva, começando aos sete anos, mas até a puberdade deve orientar-se por exercícios leves, evitando dietas e exercícios forçados (Pol, VIII, 4, 1338b-1339a). O esforço e o exercício estão no centro de todo estudo e aprendizagem, pois se trata de algo que requer participação pessoal. Aristóteles observa que "não há dúvida que a educação dos jovens não deve ter o jogo por objeto, pois jogar não é estudar e o estudo é acompanhado sempre de um esforço penoso" (Pol, VIII, 5, 1339a). Em outros termos, não se aprende com entretenimentos, uma vez que o aprendizado requer sempre esforço.

Como observa na *Ética a Nicômacos* (X, 10, 1179b), os meios da educação são o hábito e o ensino, e ambos supõem o exercício. Do mesmo modo, a aprendizagem da virtude intelectual requer ensino e experiência efetiva, e a aprendizagem da virtude moral resulta dos hábitos a elas consoantes. Trata-se, nos dois casos, de um esforço de construção de si, por si mesmo. Como destaca Lombard, "quer se trate de educar pelo hábito – o que remete à imitação, à experiência e à memória – ou pela razão, o ensino propriamente dito, trata-se de tornar o sujeito da educação capaz de dominar e de ultrapassar a diversidade da experiência, o que não é possível senão por uma pedagogia 'rigorosa'" (1994, p. 90).

Por fim, seu projeto educativo versa sobre a educação situada entre a educação familiar, que acaba aos sete anos (*trophé*), e o efebo, que começa em torno dos 18 anos. Após esse período há uma espécie de ensino superior, como a Academia ou o Liceu, endereçado a efebos e adultos. Porém, a política não trata desse nível de estudos, e todos os níveis de ensino têm como objetivo o da formação de cidadãos. Além disso, o ensino não poderia ser pago, pois Aristóteles é coerente com o princípio indicado em duas de suas éticas de que o ensino e o dinheiro, assim como o saber e o dinheiro, não possuem nenhuma medida em comum, pois o valor do ensino não é mensurável em dinheiro (EN, IX, 1, 1164; EE, VII, 10, 1243b). Por conseguinte, o pagamento perverteria o ensino e modificaria a natureza da tarefa do educador.

Os saberes a ensinar

Na diversidade dos conteúdos e dos exercícios, Aristóteles opera uma escolha e uma classificação, concentrando-se em quatro matérias principais, a saber: gramática, ginástica, música e desenho (Pol, VIII, 3, 1337b). Todavia, ele não reproduz simplesmente as matérias de ensino que eram praticadas na Atenas de sua época, nem a proposta de Platão a esse respeito. Por exemplo, Aristóteles situa mais tarde que Platão o período adequado aos jovens para os estudos literários e o ensino da música. A escolha das disciplinas e dos programas de ensino orienta-se pela utilidade, assim como ocorria nas escolas atenienses. Porém, por utilidade aqui não se pode entender algo imediatista, como ele mesmo explica:

"[...] é igualmente claro que os jovens devem ser instruídos em determinados conhecimentos úteis, não somente em razão de sua utilidade – como, por exemplo, o estudo da gramática – mas também porque muitos outros conhecimentos são suscetíveis de serem adquiridos por seu intermédio" (Pol, VIII, 3, 1338a). Aristóteles distingue as matérias que não possuem nenhuma utilidade subordinada, a serem aprendidas pelos homens livres, com tempo para tal, das matérias que preparam para a vida laborativa e que são necessárias em vista de outros fins, conforme veremos de modo mais aprofundado adiante. O tempo livre (*skholé*) contém em si mesmo o prazer, a felicidade e a bem-aventurança de viver, o que é próprio dos homens livres (Pol, VIII, 3, 1338a).

Todavia, e aqui aparece certa ambiguidade, as disciplinas mais úteis à formação humana são justamente aquelas que menos o são à primeira vista, como é o caso da música, que serve para se levar uma vida de ócio ou tempo livre (*skholé*). A música é um bom exemplo da existência de dois tipos de utilidade em determinadas disciplinas, pois é meio enquanto auxilia na formação moral e é fim enquanto se constitui como forma de educação desinteressada, própria dos homens livres. O próprio Aristóteles indica a existência de dois tipos de disciplinas: "determinadas matérias devem ser aprendidas e entrar num programa de educação em vista de levar a vida de lazer (tempo livre AVC) e esses conhecimentos e disciplinas são fins em si mesmas, enquanto que aquelas que preparam para a vida ativa devem ser vistas como de pura necessidade e como meios em vista de outras coisas" (Pol, VIII, 3, 1338a). O estagirita reconhecia que essa era uma antiga justificativa para a música ser incluída na educação, ou seja, não por ser necessária e útil para alguma ocupação, mas por ter seu fim nela própria à medida que auxiliava no desenvolvimento da virtude.

O critério de escolha das disciplinas, além do que foi mencionado acima, é principalmente o da formação humana e, mediante ela, o fomento do bem viver na *polis*. Como destaca Lombard (1994), as disciplinas são prescritas como elementos de uma pedagogia geral mediante a qual é marcada uma distância, poucas vezes igualada na história da educação, entre os conteúdos do ensino e as finalidades deste, de modo que os conteúdos vinculam-se aos objetivos da formação em sentido global. O exemplo da música é paradigmático a esse respeito, pois a escolha de melodias, ritmos e instrumentos – o aspecto técnico – é reportada ao objetivo de educar o cidadão para a virtude – sua finalidade (Pol, VIII, 6, 1340b-13411a).

As principais "reformas" que Aristóteles opera em relação ao conjunto das matérias de ensino da época dizem respeito à música e à ginástica porque essas, diferentemente das literárias, podem ser mais facilmente distorcidas por objetivos utilitários. A dimensão cultural do ensino, bem traduzida pela gramática, era amplamente difundida e admitida nos vários níveis de ensino e estava associada a um tipo de saber completamente desinteressado. Há indicativos claros a esse respeito em seu texto, referindo-se à música:

> [...] o estudo da música não deve se constituir num obstáculo às atividades subsequentes, nem degradar o corpo e lhe tornar impróprio para o exercício da vida militar e da vida de cidadão [...]É possível dar conta dessas exigências acerca da música se os estudantes de música não consagrarem seus esforços aos exercícios que preparam às competições de caráter profissional nem às performances sensacionais e extraordinárias que estão hoje em voga em tais competições (Pol, VIII, 6 ,1341a).

Uma concepção meramente utilitária da música – profissionalizante, no caso –, assim como das demais matérias do ensino, prejudicaria o desenvolvimento da virtude, pautada no parâmetro da justa medida, do equilíbrio, portanto. O mesmo valeria para o caso dos espartanos que davam uma grande ênfase à ginástica, mas não ao ensino literário. A preocupação de Aristóteles nesse sentido está mais voltada para um equilíbrio entre as matérias do que em prescrever o que deve ser estudado. Sua perspectiva pedagógica visava claramente a um desenvolvimento integral do ser humano.

A música possui, nesse sentido, um caráter mais claramente desinteressado que a gramática, a ginástica e o desenho. Estas ocupam um lugar diferente e possuem um status um pouco menor por terem uma finalidade subordinada a elas mesmas. Assim, por exemplo, o desenho é útil para melhor julgamento estético, como o que ocorre em relação às obras dos artistas, e para observar e apreender a beleza, principalmente do corpo humano (Pol, VIII, 3, 1338a). Trata-se do desenvolvimento de uma capacidade que é de natureza desinteressada. A gramática, por sua vez, possui outro tipo de utilidade. As letras são úteis às circunstâncias da vida – como ganhar dinheiro, administrar a casa, adquirir conhecimentos e para exercer múltiplas atividades na cidade – e são condição de todo o ensino (Pol, VIII, 3, 1338a). Elas possibilitam aprender a ler e a escrever e também a calcular, já que ela inclui a aritmética. Por conseguinte, a gramática é uma disciplina que se constitui meio necessário para todo tipo de estudo ulterior. Ela possuía uma longa tradição no ensino grego, diferentemente do desenho, e desde a escola primária as crianças aprendiam não apenas a leitura, mas também a recitar textos. O ensino literário possui um papel de fundamental importância no contexto grego, pois está no centro da função própria da educação de transmitir a cultura de uma geração a outra.

A ginástica também é uma matéria de ensino que possuía uma longa tradição, e Aristóteles a toma como uma das bases da formação do cidadão. Ele observa claramente que "a educação do corpo deve preceder a do espírito" (Pol, VIII, 3, 1338b; VII, 16, 1334b), o que não deve ser entendido como algo unilateral, pois sua preocupação é a formação integral do cidadão. Sabe-se que a ginástica, além de ser uma matéria de ensino, era também a preparação para a prática de um dever cívico, tanto que nas cidades gregas existiam ginásios públicos cujo funcionamento era regulamentado. Havia dois tipos de ensino da ginástica, o elementar (*paidotribiké*) e o superior (*gymnastiké*). O primeiro era praticado até a puberdade, de modo gradativo, sem a prática exagerada de exercícios forçados para que não prejudicasse o crescimento das crianças (Pol, VIII, 4, 1338b). Depois da puberdade e três anos dedicados a outros estudos – o que ajudava a evitar o esgotamento e a fadiga intelectual –, vinha o período dedicado a "exercícios pesados e a um regime alimentar rígido" (Pol, VIII, 4, 1139a).

Há uma diferença fundamental entre desenvolver o corpo em vista de uma capacidade limitada, o que possibilita apenas o próprio desenvolvimento individual, e visar a um treinamento para obter resultados imediatos e úteis. A educação física é uma parte da educação, que é integral e, pois, não pode ser desenvolvida numa única direção. Aristóteles é muito claro a esse respeito: "[...] aqueles que submetem as crianças excessivamente a exercícios penosos e deixam de lhes instruir nas coisas que precisam saber, tornam elas, na verdade, meros trabalhadores braçais porque formam para a arte de governar cidadãos cuja utilidade é limitada a uma única tarefa e que, mesmo para esta, se mostram inferiores aos outros [...]" (Pol, VIII, 4, 1138b). Como a educação visa à formação e, pois, a um desenvolvimento harmonioso, ela demanda um desenvolvimento físico equilibrado, visando ao vigor e à saúde. A primazia, em termos de educação do corpo, deve ser dada ao "sentimento de nobreza", e não à "brutalidade animalesca", pois quem enfrenta nobres perigos é um homem de caráter nobre, e não uma fera selvagem (Pol, VIII, 4, 1338b). Vimos que já Platão, na *República* (III, 404b), observava que a ginástica era "irmã da música", no sentido de que a ginástica estava para o corpo assim como a música estava para a alma.

A preocupação de Aristóteles em conceber a música em seu papel educativo, não profissional, deve-se ao fato de que a evolução da música grega se transformara em algo tecnicamente sofisticado em razão de que seu domínio fora muito além do que era possível a um amador, de modo que sua aprendizagem exigia um esforço limitado a poucos especialistas. Como a educação visa ao aperfeiçoamento individual, ela se torna incompatível com uma formação técnica, pois nesta quem executa a música não o faz em vista de seu aperfeiçoamento, mas do prazer de quem o escuta. Por conseguinte, os educandos deveriam praticar a música "até o ponto em que sejam capazes de encontrar o prazer nas belas melodias e nos ritmos mais belos e não unicamente na música banal [...]" (Pol, VIII, 6, 1341a). A música, enquanto nobre matéria educativa, e pelo papel central que tem na educação de crianças e jovens, não pode ser adotada com a lógica de sua dimensão técnica. Ela é um meio privilegiado de educação e orienta o educando para a virtude na medida em que o ajuda a formar o caráter de certo modo, a saber, habituando o homem a gostar dos prazeres de bom gosto (Pol, VIII, 4, 1339a).

Aliás, se a educação pode ser concebida em Aristóteles como a arte de colocar o prazer a serviço do bem, ela deve orientar os jovens no sentido de equilibrar o prazer e o sofrimento, e a música tem aí um papel de enorme importância. Como vamos abordar adiante (cap. IV), o que está na base da dimensão ética da educação é a premissa antropológica de que os homens tendem a buscar o prazer e a evitar o sofrimento. Aristóteles aproxima o prazer musical ao prazer das virtudes, pois este fortalece a alma do mesmo modo como a ginástica fortalece o corpo. Há dois prazeres associados à música: o da distração e o da felicidade, e este último leva, pelo o ensino da música, ao cultivo da alma.

A capacidade de a música fomentar a virtude justifica o seu lugar de destaque na educação aristotélica. Ela se constitui num modo de ação sobre a formação moral, e o prazer mais importante que ela provoca é o que torna a alma acessível em razão de que esta é harmonia. Aristóteles elaborou, pois, a partir do ensino da música, como observa Lombard, "uma reflexão aprofundada sobre temas que são essenciais à pedagogia geral: os limites da educação, a finalidade da ação educativa, a distinção dos conteúdos e o seu valor numa formação da totalidade do indivíduo assume seu pleno significado no estudo da música que aparece como ponto central do livro VIII da *Política*" (1994, p. 121). Ele dedica dois terços dos livros VII e VIII da *Política* à música, o que denota a importância concedida a ela na educação.

CAPÍTULO III

O IDEAL DO BEM VIVER E A VIRTUDE MORAL

O sistema educativo de Aristóteles é articulado tendo em vista um modelo de vida a ser aspirado por todos os homens livres, a *eudaimonia* ou bem viver. Esse modelo de vida, de tipo comunitário e englobante de diferentes tipos de bens, é postulado a partir da análise dos tipos de vida então existentes, como a laborativa, a política, a hedonista e a dedicada a ganhar dinheiro, e da conclusão da parcialidade ou unilateralidade de cada uma delas quando tomadas em si mesmas. O ideal do bem viver demanda um conjunto de condições para que a vida possa ser considerada valiosa, e uma de suas dimensões fundamentais é a aquisição da virtude moral, a qual demanda uma aprendizagem que é mediada pela educação. Cabe, pois, explicitar o ideal ético do bem viver e a virtude moral e o papel que a educação possui para a garantia de um e de outra.

O ideal ético do bem viver e a educação

Para os antigos o indivíduo se definia por referência a algo maior que si próprio, a saber, seu povo, o clã, a *polis*, etc. Para os gregos essa referência para a constituição da identidade era a comunidade política, o que explica a afirmação de Aristóteles de que o homem é por natureza um "ser vivente político" (*zoonpolitikon*) (Pol, I, 2, 1253a; EM, IX 9, 1169b). Um homem que por natureza não fizesse parte da comunidade política seria um animal ou um deus, pois estaria abaixo ou acima da condição humana. O objetivo da *polis* era o bem viver, o qual se identifica com a finalidade maior da própria educação. Para explicitar o que é o bem viver (*eudaimonia*), o modo de vida mais elevado a ser aspirado, Aristóteles recorre ao seu procedimento corriqueiro, que é o de examinar as opiniões correntes sobre o tema. Ele constata que as opiniões a esse respeito são diversas e que a maioria delas identifica o bem viver unilateralmente com uma determinada forma de vida ou com um tipo de bem específico.

Por conseguinte, alguns a identificam com a vida dedicada simplesmente ao prazer e ao gozo, o que é por ele descartado, pois isso tornaria o homem semelhante aos escravos e aos animais. Ao invés de ter domínio sobre a direção de sua vida, o homem que se submete servilmente aos desejos sensíveis e às paixões acaba vivendo como os escravos e o gado. Vale observar que Aristóteles não descarta o papel do prazer; ao contrário, este tem uma grande importância, inclusive para a educação, como veremos adiante. O que ele evita é a identificação unilateral do prazer com o bem viver. Outras pessoas, por sua vez, confundem a busca da honra (*timê*) com a vida política (*bios politikos*), o que também é descartado, pois esta é algo exterior, uma vez que o prestígio e a fama dela decorrentes dependem mais de quem confere a honra do que de quem é honrado. Aristóteles, porém, não condena o anseio do sujeito em assegurar um lugar na memória das gerações posteriores. A busca da honra é apenas um sinal exterior desse anseio legítimo, razão pela qual critica a *tim*ê e não a *bios politikos*. Distinguem-se aqui, pois, dois modos de vida política, uma vez que as honrarias deveriam ser concedidas somente às pessoas que são dotadas efetivamente de virtude moral.

Por fim, o bem viver também não pode ser confundido com a riqueza. Aristóteles diferencia dois modos de adquirir riquezas, um natural, outro artificial. A economia doméstica visa "usar" as riquezas e por isso é natural; já a arte de enriquecer tem por função gerar e acumular riquezas, razão pela qual é artificial (Pol, I, 9, 1257a). Os bens existem para que o homem livre não precise se (pre)ocupar com eles, e isso ocorre justamente para se liberar destes para se ocupar com os bens mais elevados. A arte natural de adquirir riquezas pertence à economia doméstica; a outra, ao comércio. Esta última está vinculada ao dinheiro e gera riqueza pela permuta de produtos. O modo artificial de enriquecer não possui limites quanto a sua finalidade. A arte natural de adquirir bens ou de administrar a casa, própria da economia doméstica, possui limites, uma vez que ganhar dinheiro não é sua finalidade. Ela é parte do bem viver, não se reduzindo ao simples viver, como a outra.

Aristóteles observa que as pessoas que colocam como objetivo uma vida agradável buscam a riqueza ilimitadamente, medindo-a pelos prazeres do corpo e concentrando todas as suas energias na busca de enriquecer. Como o desejo de tais prazeres é excessivo, elas buscam meios de obtê-los de modo que, se isso não for possível pela arte de enriquecer, o fazem "empregando todas suas faculdades de maneira contrária à natureza" (Pol, I, 9, 1258a). Essas pessoas baseiam-se na convicção de que a riqueza é um fim em si mesmo e que todas as outras coisas seriam meios para tal fim. Como "a vida é uso" e não "produção", o foco da vida humana, o bem viver, está direcionado para a vida política e contemplativa, e não para a vida laborativa e à vida dedicada às riquezas. Os bens exteriores, como as riquezas, devem ser adquiridos com moderação, pois seu excesso para além das necessidades humanas é nocivo, diferentemente dos bens da alma, como as virtudes, que quanto mais abundantes forem melhor será (Pol, VII, 1, 1323a-b).

Todavia, Aristóteles não desconsidera a riqueza, assim como vimos que não desconsidera o prazer e a honraria justa, pois a posse de bens exteriores está entre as condições para a *eudaimonia*. A posse adequada da riqueza faz com que a virtude da generosidade aumente a da magnanimidade, que é a capacidade de aspirar a grandes objetivos e de estar à altura deles. A riqueza é um bem relativo, pois quando absolutizada é contra a natureza e é absurda, pois é sempre meio para algum fim, como o lucro e, em sentido mais amplo e contextualizado, para a *eudaimonia*. Portanto, a *eudaimonia* não pode ser confundida com nenhuma dessas opiniões quando tomadas de modo unilateralizado. As três classes de bens identificadas até aqui como *eudaimonia* são parte dela, não seu todo. A partir do próprio Aristóteles é possível identificar então um conjunto de características próprias desse seu modo de compreender o que é o bem viver, considerando tais formas de vida apresentadas como parciais e que deveriam ser integradas em um todo maior que elas.

Esse modo de vida tem de possuir uma constância ou linearidade, ou seja, um direcionamento consciente, coerente e permanente para a vida ativa e contemplativa. Portanto, não seria constituído de atividades isoladas, momentâneas ou fugazes, mas constantes. A *eudaimonia* deve ser um modo de vida incorporado como permanente, um modo de ser escolhido pelo sujeito e vivido com constância. Por essa razão, dedicar-se unilateralmente aos prazeres, à fama ou a ganhar dinheiro impediria de orientar-se ao essencial desse modo de vida modelar. A *eudaimonia* está associada ao bem viver em contraste com o simples viver. Para tal ela é afastada das atividades vinculadas à garantia da subsistência, o trabalho manual, e é identificada com as atividades ligadas ao tempo livre (*skholé*), próprio da vida política e da vida contemplativa.

O bem viver demanda também um equilíbrio entre os diferentes tipos de bens, embora observando a hierarquia existente entre eles em que há primazia para os bens da alma. "Os bens [argumenta Aristóteles] são divididos em três classes, e alguns deles são descritos como exteriores, enquanto os outros se referem à alma ou ao corpo e os que se referem à alma denominamos bens em sentido estrito e por excelência" (EM, I, 8, 1098b). A *eudaimonia*, todavia, requer também bens exteriores, pois só se podem praticar ações belas com os meios adequados, como bons filhos, boa estirpe, amigos, etc. (EN, I, 10, 1099a-1099b) e bens do corpo, como a beleza, a saúde, a força, etc. Tomados isoladamente, esses são condição necessária, mas não suficiente, para a *eudaimonia*. Uma existência completa deve abranger todos esses tipos de bens de forma equilibrada. Os bens da alma são mais importantes, mas não são suficientes em si, pois necessitam da complementação das demais classes de bens. A *eudaimonia* tem de vir acompanhada por certa dose de prosperidade e pelo prazer. Isso não significa, porém, que todos os bens possuam um valor igual. O próprio texto de Aristóteles atesta essa diferenciação: "[...] dissemos, com efeito (I, 6, 1098a), que ela é *uma atividade da alma conforme a virtude*, isto é, uma atividade de uma certa espécie; então que, dos outros bens, alguns fazem necessariamente parte integrante da felicidade e, outros, são apenas coadjuvantes e úteis a título de instrumentos naturais" (EM, I, 10, 1099b). Como destaca Ross, comentando Aristóteles,

> 1) a experiência mostra que um elevado grau de virtude combinado com bens exteriores moderados produz uma maior felicidade que grandes bens exteriores combinados com pouca virtude. Os bens exteriores são apenas bens para nós quando os possuímos num certo limite. Ultrapassado este limite, podem tornar-se prejudiciais. Mas ninguém poderia pretender que um homem pudesse possuir tanta virtude. 2) É a respeito da alma que os bens exteriores e os bens do corpo são dignos de escolha, não vice-versa (1987, p. 269).

A *eudaimonia* é relativamente isenta de vicissitudes e com capacidade de enfrentá-las, quando for o caso, com dignidade e galhardia. A grandeza de caráter pode subsistir, pois, mesmo diante de circunstâncias adversas (EM, I, 10, 1100a; I, 11, 1101a). Fundamental para isso é o cultivo de si mediante as virtudes. Por essa razão, a *eudaimonia* deve ser levada adiante em consonância com a razão, a capacidade de o sujeito dar um direcionamento consciente ou discernido para a vida fazer sentido e não ser arrastado pelos seus instintos e pulsões presentes na dimensão sensitiva de sua alma.

A *eudaimonia* é o modo de vida mais elevado a ser almejado pelo ser humano. É o ápice do que pode ser aspirado pelas possibilidades humanas, o que significa que não há nenhum bem para além dela. Tudo o que for considerado valioso para o desenvolvimento da vida humana deve ser definido tomando-a como parâmetro. Não fosse assim, o sujeito poderia confundir um modo de vida relativo com o mais elevado e completo. É um modo de vida autossuficiente, visa a uma existência completa, integradora, procurando equilibrar todos os fins e atividades humanas sem depender exclusivamente de nenhum outro modo de vida parcial, qualquer que seja (EN, I, 7). O seu alcance, todavia, depende do cultivo da alma mediante a virtude, algo diretamente vinculado ao processo educativo.

O caráter contingente da ação humana e o hábito como meio de aquisição da virtude moral

Se a educação demanda o cultivo do caráter mediante a virtude moral, trata-se de ver como ela pode ser adquirida. Aristóteles distingue duas espécies de virtude: a intelectual e a moral. Quanto à primeira, sua origem e seu desenvolvimento dependem em grande medida do ensino recebido, requerendo, por isso, experiência e tempo (EN, II, 1, 1103a). De acordo com Sison, o ensino, tal como entendido pelos gregos, envolve "o conjunto ordenado de ações – instrução verbal, mediante gestos ou exemplos – cujo fim é a transmissão do saber, na medida em que isto seja possível. [...] A experiência, por outro lado, significa a acumulação interior e ativa pelo sujeito dos objetos de sua sensibilidade externa e interna, principalmente a memória: através dela o homem chega, indistintamente, à ciência (*episteme*) e à arte (*techne*)" (1992, p. 210-211). A virtude moral, diferentemente da intelectual, é produto do hábito, não é engendrada no homem por natureza, mas esta fornece a capacidade de receber a virtude e esta capacidade é aperfeiçoada pelo hábito (EN, II, 1, 1103a).

A palavra hábito deriva de *ethos*. Como destaca Lima Vaz, *ethos* é uma transliteração dos vocábulos *ethos*, a saber, ηθος, com *eta* inicial (η), e εθος, com *épsilon* inicial (ε). No primeiro sentido, denota a morada ou a casa do homem, abrigo protetor, lugar permanente e habitual e que pode ser "construído e reconstruído pelo homem", em contraste com o domínio do reino da necessidade (VAZ, 1988, p. 13). Desse primeiro sentido origina-se *ethos* como costume. O segundo sentido refere-se ao comportamento decorrente da repetição constante dos mesmos atos, dizendo respeito às coisas que ocorrem com frequência ou quase sempre. O *ethos* denota aqui uma disposição permanente, "uma constância no agir que se contrapõe ao impulso do desejo (*orexis*)" (VAZ, 1988, p. 14). *Ethos* indica, nesta acepção e através da palavra *hexis*, o processo genético do hábito, o qual traduz o hábito como possessão estável. Desse modo, como assinala ainda o autor, "o *ethos* como costume [...] é princípio e norma dos atos que irão plasmar o *ethos* como hábito" (1988, p. 15). *Hexis*, como ressalta também Guariglia, é um termo que em grego se vincula ao verbo "ter", do mesmo modo que em suas traduções latinas através de *habitus* e *habilitas* ("hábito" e "habilidade") (1992, v. II, p. 178). A palavra hábito indica, em última instância e enquanto disposição para o agir de uma determinada maneira, algo desenvolvido e incorporado de forma estável pelo homem para além da necessidade natural.

Para Aristóteles é o hábito, e não a natureza, o que permite o desenvolvimento da virtude moral, pois "nada que existe por natureza pode ser alterado pelo hábito" (EN, II, 1, 1103a). Se os hábitos e as virtudes adquiridas através deles fossem engendrados em nós por natureza, eles não poderiam ser modificados nem pela educação nem pela experiência. Em todas as faculdades advindas no homem por natureza recebe-se, primeiro, a potencialidade, que somente depois se transforma em atividade. Porém, quanto às várias formas de virtude moral não ocorre do mesmo modo, pois somente é possível adquiri-las tendo-as efetivamente praticado. As disposições morais (hábitos) decorrem das atividades correspondentes às mesmas (EN, II, 1, 1103b). A aquisição da virtude moral depende do exercício reiterado de ações em conformidade com ela. A virtude, então, permanece no homem de maneira estável, o que tornará mais fácil ulteriores atos virtuosos.

O princípio da formação de hábitos em consonância com a virtude tem uma enorme importância para a compreensão da relação entre virtude e educação. As ações humanas devem ser desenvolvidas de uma maneira predeterminada, ou seja, orientadas de modo prévio e consciente, uma vez que as ações correspondem aos hábitos. Por essa razão, observa Aristóteles, "não será pequena a diferença [...] se formarmos os hábitos de uma maneira ou de outra desde nossa mais tenra infância; ao contrário, ela será de uma importância muito grande, podemos dizer mesmo decisiva" (EN, II, 1, 1103b). O hábito deve ser a principal forma para educar o indivíduo na prática da virtude porque não existem regras predeterminadas acerca de como uma pessoa virtuosa deva atuar. As ações somente serão virtuosas se o agente as adquiriu adequadamente pelo hábito, isto é, se foi educado por e para elas.

O meio-termo como parâmetro da virtude moral

Se o hábito é o modo como a virtude moral pode ser adquirida, o meio-termo é a forma como ela é encontrada e preservada e, por outro lado, é destruída pela deficiência ou pelo excesso (EN, II, 2, 1104a). Esse é um aspecto de fundamental importância para a ética aristotélica e também para sua concepção educativa, pois não pode haver virtude nem caráter virtuoso onde há excesso ou falta. A virtude implica mediania, o meio-termo entre dois extremos. Há, primeiramente, um meio-termo em relação a uma proporção aritmética, o meio-termo medido por referência a um objeto em si mesmo, ponto equidistante entre dois extremos. Essa classe é simplesmente a do ponto médio de qualquer coisa que se está medindo, o qual é um e o mesmo para todos. Porém, há também uma segunda classe, que é o "meio-termo em relação a nós" e diferencia-se do primeiro. Refere-se à virtude moral, pois esta "se relaciona com as emoções e ações, matérias nas quais há excesso, falta e meio-termo" (EN, II, 5, 1106b).

Dois elementos são estabelecidos aqui pelo próprio Aristóteles no tocante ao meio-termo e à virtude moral. Primeiramente, a média indicada pela virtude deve ser determinada por nós e não pode ser extraída de um objeto da maneira direta como podem ser obtidas outras classes de medidas. Em segundo lugar, esse meio-termo terá de ser diferente quando as situações forem distintas. Desse modo, o que é uma média em uma determinada situação pode não sê-lo em outra, pois o "meio-termo em relação a nós" não é "único nem o mesmo para todos". A outra classe de medida mencionada contrasta com esta, pois naquela o meio-termo pode ser o "único e o mesmo em relação a todos os homens" (EN, II, 5, 1106a). Nesse caso, trata-se da mesma medida, independentemente das circunstâncias e de quem faça a medição.

À primeira vista nos deparamos, no meio-termo em relação a nós, com um relativismo. Todavia, há que se ressaltar que a definição deste termo médio da ação não depende apenas da vontade arbitrária do agente. Há, sim, uma margem (latitude) que se localiza entre os extremos onde este meio é agenciado, e, para tal, tem-se de levar em conta as circunstâncias, mas o meio-termo tem de estar em consonância com a reta razão. Esta está associada ao bom funcionamento da inteligência prática, que é a parte racional da alma encarregada de orientar as coisas variáveis e intervir nas escolhas do agente. Como a virtude moral é entendida como uma disposição capaz de escolha e a escolha é um desejo deliberado, para que a escolha seja boa a razão deve ser verdadeira e o desejo deve ser correto, ou seja, precisa haver consonância entre o que a razão afirma e o que o desejo persegue. "O bom funcionamento do intelecto prático consiste na verdade correspondente ao desejo correto", resume Aristóteles (EN, VI, 2, 1139a).

O excesso, a falta e o meio-termo referem-se a sentimentos, paixões e ações. Por essa razão, o meio-termo é justamente o termo médio em relação às paixões e às ações, onde o excesso e a falta são uma forma de erro, e o meio-termo, um modo de correção moral. Diferentemente da deficiência moral, que reside nos extremos por excesso ou por falta, a virtude moral está associada ao equilíbrio no agir, sendo esse aspecto fundamental o que caracteriza a virtude moral. Embora seja uma mediania, com relação ao bem a virtude moral é um "extremo", no sentido de ser o ponto mais elevado, pois com referência ao que é excelente e mais perfeito ela é um extremo (EN, II, 6, 1107a).

Das considerações acerca do papel do hábito e do meio-termo – respectivamente, definição genérica e específica da virtude moral – decorre a *definição completa* da virtude moral: trata-se de um modo de ser que consiste num meio-termo determinado pela razão. Em outros termos e de forma mais detalhada: a) trata-se de uma disposição da alma ou modo de ser (hábito) relacionado com a escolha (voluntária) de ações e paixões; b) modo de ser este que consiste num meio-termo (o meio-termo relativo a nós); c) determinado pela razão – razão graças à qual um homem dotado de discernimento (*phrónesis*) o determinaria (EN, II, 6, 1107a).

Em que pese essa tripla e ao mesmo tempo única definição do que é a virtude moral, Aristóteles reconhece claramente não ser um intento fácil alcançar o meio-termo. O meio-termo deve ser determinado como o determinaria o homem prudente, o homem de sabedoria prática. Trata-se de agenciar a justa medida como o faria o *phrónimos*, uma vez que a virtude requer que a ação seja levada adiante de forma deliberada e por isso é determinada racionalmente e requer um conhecimento prático. A virtude moral é definida então como uma disposição para a escolha, a qual é um desejo deliberativo, isto é, calculado, racional. A escolha envolve o desejo por um fim e a razão. Esta atua para descobrir os meios adequados ao fim desejado. A ação humana deve ser duplamente orientada: de um lado tem-se de ajustar o desejo (*orexis*) e a razão (*logos*) para que o homem não seja presa de suas pulsões; por outro, é preciso que o *logos* seja correto (*orthos logos*), pois do contrário não poderá orientar adequadamente o desejo e, pois, a ação.

Essa dificuldade em orientar-se pelo meio-termo reforça ainda mais o valor que possui o agir virtuoso. Ocorre que proceder assim em relação à pessoa certa, até o ponto certo, no momento certo, pelo motivo certo e da maneira certa, não é para qualquer um, nem é fácil, e é isso que explica que agir bem é raro, louvável e belo, ressalta Aristóteles (EN, II, 9, 1109a). O meio-termo que caracteriza a virtude moral é estabelecido levando-se em conta as circunstâncias. Nem sempre ele é o ponto central entre dois extremos; é, antes, o "ponto ideal" para cada caso e em cada circunstância específica. Porém, não é arbitrário nem relativista. Isso é atestado pela própria natureza do saber ético. Seu estatuto metodológico se aproxima, nesse sentido, ao das artes. Ocorre que, assim como acontece com a saúde, as matérias que se referem à ação "nada têm de fixo", o que demanda das pessoas engajadas na ação examinar em cada caso o que é adequado à situação (EN, II, 2, 1104a).

Em que pese o grau de dificuldade reconhecido para determiná-lo, Aristóteles sugere que quem procura alcançar o meio-termo na ação deve, antes de tudo, evitar o extremo mais contrário a ele e indica uma maneira de buscá-lo: "De dois extremos, com efeito, um induz mais em erro que o outro; por conseguinte, já que atingir o meio-termo é extremamente difícil, devemos [...] escolher o menor dos males" (EN, II, 9, 1109a). É claro que não se trata de limitar-se a escolher a "menos pior" das alternativas presentes em relação a um curso de ação. O homem, quando dotado da *phrónesis*, a virtude do discernimento que possibilita a boa deliberação, terá muito mais facilidade de levar adiante esta avaliação acerca de como deve ser agenciado o meio-termo em cada circunstância da ação. A determinação do meio-termo não é arbitrária porque resulta da escolha orientada pela *phrónesis*; é, pois, algo discernido. A deliberação que o homem prudente faz para orientar o curso de sua ação obedece à reta razão. Trata-se de uma escolha deliberada, a qual possibilita oferecer razões para agir de uma maneira ao invés de outra numa determinada circunstância.

Por não ser muito fácil adotar o meio-termo como um hábito, apenas as pessoas que se desviam de forma considerável dele podem ser censuradas. Do mesmo modo, são as circunstâncias específicas que permitem ao agente inclinar-se adequadamente mais no sentido do excesso ou da falta em vista do meio-termo:

> Quanto a dizer até que ponto e em que medida o desvio é censurável é algo difícil de ser determinado racionalmente, como é alhures o caso para todos os objetos percebidos pelos sentidos. Tais precisões são do domínio do individual e a discriminação aliada da sensação. Mas dissemos o suficiente para mostrar que o estado que ocupa a posição intermediária é em todas as coisas digno de nossa aprovação, mas que por vezes devemos pender tanto para o excesso quanto para a falta, pois é deste modo que atingiremos mais facilmente o meio-termo e o que é correto (EN, II, 9, 1119b).

Essa constatação acerca das dificuldades do agente em determinar o meio-termo na ação leva-o a sugerir três regras práticas ou condições para atingi-lo. São elas: a) "Evitar o extremo mais contrário a ele"; b) estar atento aos "erros para os quais nós mesmos nos inclinamos mais facilmente" mediante a observação "do prazer e do sofrimento que experimentamos" e buscar o "extremo oposto"; c) tomar precaução "contra o que é agradável e contra o prazer, pois nessa matéria não julgamos com imparcialidade" (EN, II, 9, 1109a-b).

| Capítulo IV |

A dimensão ética da educação

Depois de mostrar como a educação em Aristóteles demanda um determinado modo de vida e de tratar sobre a maneira como a virtude é adquirida, bem como do meio-termo como seu parâmetro fundamental, cabe explicitar os aspectos centrais da dimensão ética de sua concepção educativa. Tal dimensão vincula-se a sua doutrina sobre a virtude e demanda a explicitação das condições para que uma ação possa ser considerada virtuosa, a tematização do papel do prazer para a educação e a abordagem da educação mediante a virtude.

As condições para o agir virtuoso

Se a virtude está no centro da ética e também da educação, a questão é explicitar sob que condições uma ação pode ser considerada virtuosa. De certa maneira, a virtude é adquirida do mesmo modo que a arte, pois nem uma nem outra surgem em nós por natureza. Ambas são adquiridas pela prática reiterada de determinados atos. No entanto, há uma importante diferença entre o exercício dos atos virtuosos e o das artes ou ofícios. Se na arte (*techne*) o importante é o produto pronto, no caso da virtude moral o resultado da "obra" demanda alguns elementos a mais. Não basta que o resultado da ação seja exitoso ou bom, que a ação seja justa ou moderada, por exemplo, pois pode sê-lo assim por acaso. Uma pessoa pode agir de forma justa circunstancialmente por ser vantajoso ou conveniente para si aparentar ser justa. As ações podem esconder as intenções reais do agente. Também podem ser acidentais: alguém pode restituir algo de que era depositário contra a vontade e por medo, como exemplifica o próprio Aristóteles (EN, V, 10, 1135b).

O caráter virtuoso de um agente não se identifica com a mera prática de ações virtuosas. Para uma ação ser virtuosa necessita resultar de uma escolha do agente. O fato de uma ação poder ser boa acidentalmente ou de forma oportunista exige que para ela ter valor moral o agente necessita atender a certas condições no próprio ato de praticá-la: "O agente deve também estar em certas condições quando os [atos] pratica: em primeiro lugar, deve agir conscientemente; em segundo lugar, deve agir deliberadamente e deliberar em função dos próprios atos; em terceiro lugar, sua ação deve provir de uma disposição moral firme e imutável" (EN, II, 3, 1105a).

O homem virtuoso é aquele que executa as ações de uma maneira determinada, ou seja, em primeiro lugar deve saber o que está fazendo e como o está fazendo (ter e atuar com conhecimento prático). Necessita saber que, nas circunstâncias em que está agindo, a postura adotada por ele é adequada, que se trata do que deveria efetivamente fazer e que isso não é insensato, irresponsável, nem deficiente moralmente. Em segundo lugar, deve escolher livremente o ato em questão e escolhê-lo unicamente por este ser virtuoso. A voluntariedade é condição para a virtuosidade do ato. Necessita, pois, escolher o que está fazendo a partir de si próprio, agir por e com opção porque, em tais circunstâncias, é o que deve ser feito. Tem de escolhê-lo deliberadamente e por seu próprio valor. O caráter consiste numa disposição, um modo de ser permanente, que orienta a ação do agente com constância.

Em terceiro lugar, seu ato deve brotar de um caráter firme e invariável, não deve ser um evento casual, leviano. Este aspecto da firmeza do caráter pode ser exemplificado com a situação do soldado que luta valentemente não porque nas circunstâncias de uma batalha não encontra nenhum modo de fugir, mas por possuir valentia; do contrário, ele teria apenas um forte espírito de sobrevivência, mas não virtuosidade (LEAR, 1994). O mesmo vale para as ações justas e moderadas, as quais se identificam com aquelas que o homem justo e moderado praticaria. Porém, o agente não é justo e moderado apenas por praticá-las, isto é, por fazê-las aleatoriamente, e, sim, porque as pratica como o fariam os homens justos e moderados. É em função de seu caráter que o homem virtuoso escolhe a ação virtuosa por ela própria. Essa posição permite a Aristóteles colocar-se claramente contra uma postura intelectualista em relação à ética: "Muitos homens não os praticam – atos moderados e justos (AVC) –, mas se refugiam em teorias e pensam que estão sendo filósofos e assim se tornarão bons, procedendo de certo modo como pacientes que ouvem atentamente seus médicos, mas nada fazem do que lhes é prescrito" (EN, II, 4,1105b). Agir virtuosamente resulta da prática de ações reiteradas em conformidade com a virtude e demanda pois agir consciente, voluntariamente e com firmeza de caráter.

A premissa antropológica fundamental de Aristóteles e o papel do prazer para a educação

A compreensão das condições da ação virtuosa e das especificidades da virtude moral, sustentada no critério do meio-termo, e da concepção de educação associada a esta pressupõe uma premissa antropológica fundamental: os homens tendem a buscar o prazer e a evitar o sofrimento. A própria virtude moral se relaciona com tais aspectos e aprender a administrá-los adequadamente está no cerne de toda educação: "[...] é por causa do prazer que praticamos o mal e é por causa do sofrimento que deixamos de praticar o bem. Assim, devemos ser levados, de um modo ou de outro, desde a mais tenra infância a encontrar no prazer e no sofrimento o que é certo, pois, como observava Platão, nisso consiste a verdadeira educação" (EN, II, 2, 1104b). Essa premissa decorre da própria estrutura da alma apetitiva – a qual se caracteriza por uma tensão permanente entre certa dose de razão e os desejos –, e aprender a dosar prazer e sofrimento é chave para a constituição de um bom ou mau caráter.

Aristóteles divide a alma em três partes – vegetativa, apetitiva e racional –, e a educação do caráter se vincula à segunda de tais dimensões. Esse caráter híbrido – por misturar instintos e pulsões e certa dose de razão – e "tenso" da alma apetitiva faz com que esta deva ser bem cultivada e que se dê uma atenção especial ao modo como se administra a tensão entre prazer e sofrimento ali existente: "[...] é por causa do prazer e do sofrimento que os homens se tornam maus, pelo modo como os persegue ou os evita" (EN, II, 2, 1104b). Trata-se de aprender a perseguir ou a evitar determinados prazeres e sofrimentos, assim como de assimilar o modo adequado de persegui-los ou evitá-los, bem como de evitar a agir erradamente de qualquer outro modo.

Aristóteles reconhece que a tendência em buscar o prazer acompanha o homem desde sua infância, razão por que não é fácil este desprender-se dela. Por conseguinte, cultivar o caráter mediante bons hábitos é uma tarefa exigente, e a educação em Aristóteles tem como um de seus pilares fundamentais a organização dos desejos de modo que as ações boas resultem na obtenção de prazer e as más, em sofrimento. Como os prazeres e o sofrimento não estão determinados de forma rígida pela natureza, podem ser organizados pelo hábito e pela prática bem orientada das ações humanas, pela educação, portanto, e é em função deles que os homens atuam bem ou mal. No caso de um homem mau, os prazeres encontram-se mal distribuídos, pois, ao agir mal, age contra sua própria natureza, prejudicando-se (Lear, 1994). Há prazeres que podem resultar numa grande satisfação – como é o caso de uma alimentação agradável –, mas ser, ao mesmo tempo, altamente prejudiciais à saúde. Os prazeres, quando mal distribuídos, podem propiciar a autodestruição do próprio agente.

Central nesta premissa de Aristóteles é o fato de a virtude e a deficiência moral se vincularem às mesmas coisas, ou seja, à forma de regular as ações mediante prazer e sofrimento: "[...] por essa razão devemos necessariamente centrar todo nosso estudo sobre essas noções, pois nossa reação sadia ou viciosa ao prazer e ao sofrimento não resulta indiferente à condução da vida" (EN, II, 3, 1105a). Morrer pela pátria, por exemplo, é doloroso (penoso), mas nobre (nobilitante), porque a coragem é uma virtude. Do mesmo modo, tomar um remédio amargo pode ser penoso (desagradável), mas é bom (vantajoso) para a saúde. Aprender a regular a tendência a buscar o prazer e a evitar o sofrimento é algo que se situa na base da própria concepção educativa aristotélica. Se é assim, as escolhas do agente devem orientar-se pela busca do que é correto (o bem), não apenas pelo que é agradável. A escolha não deve orientar-se automaticamente pela busca do prazer e por evitar o que causa dor, mas pela busca do bem, sendo este prazeroso ou não.

A questão é como orientar ou organizar corretamente o desejo, já que o bem real pode ser confundido ou substituído pelo bem aparente. Nesse sentido, Aristóteles observa que o homem vulgar (mau) tende a desejar qualquer coisa ao acaso, sobretudo os bens aparentes. Porém, vale ressaltar, nem sempre um bem aparente pode ser simplesmente identificado com um bem falso. O bem aparente pode coincidir ou não com o bem real. Ele pode parecer e ser real. O homem sábio (bom), por sua vez, aspira ao objeto de desejo verdadeiro (o bem real). Para este, *parecer bom* tem de ser igual a *ser bom*. O homem sábio (*spoudaios*) reúne condições de julgar corretamente as coisas por saber orientar seu desejo. Por essa razão, as coisas que ele deseja lhe parecem como realmente são. O homem bom se diferencia dos outros por ter aprendido a perceber o que é correto em cada coisa e se constitui como norma e medida em relação às coisas.

O prazer, assim como o sofrimento que acompanha as ações, é um indício das disposições morais do sujeito e é um elemento que está na base da educação e da formação humana. O próprio Aristóteles afirma que o prazer tem ligações muito estreitas com a natureza humana e que é por essa razão que na educação dos jovens utiliza-se o prazer e o sofrimento para guiá-los (EN, X, 1, 1172a). Se é um dado fundamental da natureza humana, a educação tem de levá-lo devidamente em conta. Além disso, a fruição das coisas que se deve fruir e o desprezo para com o que se deve desprezar têm uma enorme importância na formação do caráter, e isso acompanha o ser humano por toda a vida. O modo como se leva adiante esse aprender adequadamente a gostar das coisas certas e a desgostar das coisas erradas tem um grande peso em relação à virtude moral e a uma vida bem vivida (EN, X, 1, 1172a).

Conforme Aristóteles, o prazer tem um papel fundamental na vida humana, a tendência a buscá-lo se desenvolve naturalmente desde a infância e com o tempo ele se enraíza em nossa vida. Ele tem grande importância por aperfeiçoar as ações e, pois, também, a vida humana:

> Pode-se pensar que todos os homens, sem exceção, aspiram ao prazer, pois todos anseiam por viver. A vida é uma determinada atividade e cada homem exerce sua atividade no domínio e com as faculdades que mais estima. [...] o prazer vem aperfeiçoar as atividades e, por conseguinte, a vida aspirada. É, pois, normal que os homens tendam ao prazer, pois para cada um deles o prazer aperfeiçoa a vida [...]. (EN, X, 5, 1175a).

O prazer intensifica as atividades, e cada classe de coisas é realizada com melhor discernimento e maior precisão pelas pessoas quando essas se dedicam às suas atividades com prazer (EN, X, 51175a). O papel do educador é, pois, orientar o educando a executar ações em consonância com determinados atos, pois o habituar-se a praticar determinadas ações virtuosas cria as condições para que, com o tempo, desapareça o sofrimento e este dê lugar ao prazer na prática de tais ações. O prazer tem um papel fundamental para a aquisição da virtude moral. Ele é um meio da ação educativa que complementa o hábito, pois o acompanha e é seu indício. Como a ação mais completa é, ao mesmo tempo, a que dá maior prazer e agrado, chega um momento em que a facilidade em realizá-la e a satisfação que ela gera ao agente fazem desaparecer todo caráter coativo. Isso faz com que permaneça o hábito arraigado na forma de uma disposição permanente. Aristóteles acredita que isso faria com que o agir mal aparecesse ao sujeito como pouco atraente, contrário à razão e desagradável em sua realização. O prazer é uma espécie de mola propulsora das ações humanas e é condição para a eficácia da ação educativa. Como resume Lombard, "o processo educativo consiste primeiro em criar os hábitos pelos quais o prazer é colocado a serviço do bem. Esses hábitos, uma vez adquiridos, formam as virtudes morais, cuja prática será um prazer constante. Os meios da educação moral alcançam, assim, seus fins [...]" (1994, p. 63).

A educação mediante a virtude

Com a elaboração de sua ética das virtudes e com a explicitação de sua concepção política, Aristóteles recolhe a herança da *paideia* grega em geral e de seus antecessores, sobretudo de Sócrates, Platão e Isócrates, colocando-a sobre bases mais amplas. Ele fortalece a noção de que educar o cidadão é educar nas virtudes e que as virtudes morais, enquanto virtudes do caráter, não podem ser ensinadas. A seu juízo, o saber relativo à ação humana e ao melhor modo de agir não é passível de transmissão. Isso se deve, como já observamos, à natureza intrinsecamente contingente da ação humana e ao caráter prático da aprendizagem da virtude moral.

Ora, a *paideia* aristotélica se assenta no conceito de prática referido ao exercício de atos virtuosos. Vimos que a educação é educação para a virtude mediante o exercício de bons hábitos e acompanhados pelo prazer. A relação indissociável entre educação e virtude tem por base o solo da práxis humana. O sujeito para ser educado tem de sê-lo mediante a virtude. Trata-se de uma educação orientada por uma racionalidade prática que tem como referência o caráter contingente da ação humana. O saber ético tem como base um conceito de verdade de caráter prático. Esta, para não ser diluída pela ciência, a episteme e sua racionalidade demonstrativa, terá de limitar-se a seu objeto (a *práxis*) e receber um estatuto condizente com este, prático, pois. Tal objeto, a ação humana, é contingente e singular, uma vez que está sempre sujeito a mudanças. Por essa razão, Aristóteles observa também que as matérias relativas ao "terreno da ação e do útil nada têm de fixo", e o exame dos casos particulares é "avesso à exatidão" (EN, II, 2, 1104a).

Ora, o fato de a ação fazer parte das coisas verdadeiras em linhas gerais não relativiza nem desqualifica sua importância. Antes, aponta para sua especificidade. Assim, deve-se considerar que "cada caso particular tende à exatidão compatível com a matéria tratada e somente na medida apropriada à nossa investigação" (EN, I, 7, 1098a). As pessoas ao agirem precisam levar em conta em cada caso "o que é adequado à ocasião", a exemplo do médico ao tratar de curar seu paciente ou do navegante ao tomar decisões em alto-mar. Esse aspecto é central para a educação moral, pois a ética implica um saber de situação, a compreensão, um saber que auxilia a perceber e a penetrar na singularidade das situações concretas. Como observa Gadamer, trata-se, no que se refere ao agente, de "compreender na situação concreta o que é que esta pede dele, ou, em outras palavras, quem age deve ver a situação concreta à luz do que se exige dele em geral" (1984, p. 384).

Para a compreensão do problema acerca da relação entre educação e virtude moral faz-se necessário retomar ainda duas distinções, quais sejam: entre o saber teórico e o saber prático e entre o saber prático e o poiético. A diferença originária entre o saber teórico e o saber prático está em que o primeiro é contemplativo e tem como fim conhecer o que as coisas são, ao passo que o segundo visa ao agir. O saber teórico é aquele que trata de objetos imutáveis, o que não pode ser de outro modo, ou seja, daquilo que é necessário, tais como eram entendidos os conhecimentos da matemática pelos gregos. O saber prático trata daquilo que pode ser de outro modo, do contingente, ou seja, da escolha entre diferentes possibilidades presentes nas circunstâncias do agir. No caso da *práxis,* o que se tem em vista é o aprimoramento do próprio sujeito da ação. Nesse sentido, a *práxis* distingue-se da *poiesis*, o saber produtivo que trata dos objetos feitos pelo homem. A *poiesis* volta-se para o aprimoramento do objeto produzido, que é externo ao agente, ao passo que a *práxis* visa ao aprimoramento do sujeito que age, e a mudança por ela gerada é interna ao sujeito.

A natureza da educação mediante as virtudes a ser realizada na *polis* tem de ser buscada no âmbito da *práxis*, uma vez que esta se refere à ação e visa a uma transformação interna ao agente. A compreensão da ação humana demanda um tipo de racionalidade distinto daquele presente na base das ciências teoréticas, já que o agir humano comporta contingência, de modo a requerer um tipo de racionalidade próprio. Por essa razão, o saber prático também não pode ser confundido, muito menos reduzido à racionalidade própria das ciências poiéticas que estão na base das atividades produtivas e possuem um sentido instrumental. A ética vincula, pois, um tipo de racionalidade específico, a racionalidade da *práxis*, e tem como centro as virtudes. Como se não bastasse, a formação do sujeito mediante a ação é central para a concepção educativa de Aristóteles. Como a virtude é produto do hábito e, pois, de exercício a ser levado adiante reiteradamente pelo próprio sujeito e não de instrução, a dimensão ética não pode ser inserida de fora para dentro no processo educativo.

Aristóteles vai indicar três fatores que devem operar de modo integrado entre si e que possibilitam aos homens tornarem-se bons e dotados de virtudes: a natureza (*physis*), o hábito (*ethos*) e a razão (*logos*) (Pol, VII, 14, 1332a). A natureza é o que faz alguém nascer homem, com suas potencialidades, e não outro animal qualquer; em segundo lugar, o homem necessita nascer com certas "qualidades de corpo e alma" que serão aprimoradas por *bons hábitos*. O hábito permite transformar as qualidades para melhor ou para pior, ou seja, para a virtude ou para o vício. Por fim, o homem é o único ser dotado de razão e, por esse motivo, deve usá-la para orientar sua vida. Como a natureza é dada de uma vez por todas ao homem ao nascer, a educação – em sentido mais específico – deve ocupar-se com os dois outros fatores, a saber, a formação dos hábitos e o desenvolvimento da razão. O hábito e a razão podem desenvolver as potencialidades que são dadas pela natureza própria do homem. Esses três aspectos devem ser conduzidos de forma a serem harmonizados entre si evitando-se agir contrariamente à natureza e aos hábitos. Trata-se aqui de atualizar, mediante bons hábitos e guiado pela razão, aquelas potencialidades advindas da natureza própria do homem, uma vez que este nasce com a capacidade de adquirir as virtudes e de desenvolvê-las. Essas qualidades são necessárias para que os homens-cidadãos sejam bem guiados na *polis* pelo legislador. O restante "é obra da educação, pois os homens aprendem algumas coisas pelo hábito e outras pelo ensino dos mestres" (Pol, VII, 14, 1332b).

O ideal de homem e de educação de Aristóteles sustenta-se no já mencionado princípio de que a vida humana, para ser virtuosa, precisa ser exercitada em bons hábitos, e estes têm de ser acompanhados pelo prazer. Como as virtudes morais não são adquiridas de modo natural ou espontâneo, nem ensinadas, são desenvolvidas mediante o cultivo dos hábitos, o que demanda um aprendizado exercitado através das vivências. Assim, é pela prática de ações em que o sujeito tem de engajar-se dentro de suas relações com outras pessoas que ele se torna virtuoso. Em suma, argumenta o próprio Aristóteles, "nossas disposições morais (hábitos AVC) provêm das ações que lhes são semelhantes" (EN, II, 2, 1103b). A virtude é produto da prática amadurecida de determinados hábitos que devem ser cultivados desde tenra idade e o seu exercício requer, pois, um aprendizado pelo o exercício constante. Isso sugere que o processo educativo é longo e deve ser bem orientado desde o princípio (MÉTIVIER, 2000).

Por conseguinte, haverá uma grande diferença entre formar ou não os hábitos de um modo correto desde a infância. A alma de quem aprende deve ser cultivada, primeiramente, por meio de hábitos, os quais permitem ao sujeito aprender a rejeitar ou a querer o que é correto (EN, X, 10, 1179b). O hábito tem por base as paixões e é a estas que a virtude moral está relacionada, assim como a verdadeira educação (EN, II, 2, 1104b). A educação pelo exercício de bons hábitos é decisiva para a formação de um sujeito com caráter virtuoso. O cultivo dos hábitos assume primazia no processo educativo justamente por levar o sujeito a aprender a distinguir e a preferir o que é correto em relação ao que não é. O que distinguirá o homem virtuoso serão justamente os hábitos enraizados no seu caráter. As virtudes, do mesmo modo como ocorre com as artes, são adquiridas mediante a sua prática efetiva e reiterada pelo sujeito. Assim como, no caso da cítara, aprender teoria musical não se constitui em condição suficiente para tocá-la bem, no caso das virtudes morais não basta saber o que são para o sujeito tornar-se virtuoso. É preciso, afirma Aristóteles, "esforçar-nos por possuí-las e colocá-las em prática" (EN, X, 10, 1179b).

| Capítulo V |

O SENTIDO COMUNITÁRIO DA VIDA HUMANA E OS PRESSUPOSTOS DA VIDA POLÍTICA

Neste capítulo vamos tematizar o sentido comunitário da vida humana, a concepção aristotélica de indivíduo e alguns pressupostos que estarão na base da dimensão política da educação a ser tratada no último capítulo deste livro. Essa dimensão só pode ser devidamente compreendida se se levar em conta que a vida humana possui um sentido comunitário que ajuda a configurar a identidade dos sujeitos, a postular um modo de vida a ser aspirado e a estabelecer os fins da educação.

O sentido comunitário da vida política

Reservamos uma das características centrais da *eudaimonia* para uma tematização à parte, dado sua centralidade e seu sentido ético-político. A vida eudaimônica é comunitária, faz-se na comunidade política, pois sua essência só pode ser desenvolvida ali. Vale lembrar que o homem é um ser de carências, pois tem a necessidade de associar-se, o que o caracteriza como um ser vivente político (*zoonpolitikon*). Político é uma especificidade deste ser que faz parte do gênero dos seres viventes. A vida política é um tipo de vida em comunidade, a mais essencial para o homem, e demanda constância. Por essa razão, Aristóteles afirma que sozinha "uma andorinha não faz verão, nem o faz um dia apenas", da mesma forma que não é um breve espaço de tempo ou um dia isolado que torna uma pessoa bem-aventurada e feliz (EN, I, 7, 1098a).

Para Aristóteles, a *polis* é algo natural, não artificial, e é colocada como a esfera da constituição da identidade humana, a qual se define comunitariamente e como condição para o bem viver. Ninguém poderia viver feliz solitariamente, pois ninguém, mesmo possuindo por um dia todos os bens desse mundo, escolheria viver sozinho, pois o homem, enquanto ser vivente político, naturalmente procura viver com os outros homens (EN, IX, 9, 1169b). Uma comunidade se constitui num "agrupamento de homens unidos por uma finalidade comum, e *portanto* ligados por uma relação afetiva chamada 'amizade' e segundo relações de justiça" (WOLFF, 1999, p. 40). Em consonância com essa concepção de comunidade, a tese geral de Aristóteles apresentada no início da *Política* é que a *polis* tem por finalidade o bem mais elevado de todos, o bem viver. Como todo tipo de comunidade se forma em torno de uma finalidade comum, no caso da *polis* esta é o bem comum. Isso significa que a finalidade da *polis* não é a mera sobrevivência, nem o evitar que os homens se destruam mutuamente.

Para Aristóteles o homem é um ser de carências, incompleto e, por essa razão, uns dependem dos outros e precisam viver em comunidade. Essa carência visa a finalidades em comum como forma de superá-las. Mas eles não se associam artificialmente para dar conta de tais carências artificialmente, uma vez que viver em comunidade é algo da natureza humana, não uma convenção. Esse aspecto pode ser observado no fato de a *polis*, enquanto comunidade, reunir um conjunto de características. Ela visa, primeiramente, à vida boa e, como já pressupõe a garantia da sobrevivência de seus membros (o viver), visa à realização do bem viver (a vida boa). Em segundo lugar, ela existe por natureza, não é produto de mera convenção, como defendiam os sofistas ou, depois, os jusnaturalistas modernos. Para estes o homem se encontra por natureza em um estado pré-político – o estado de natureza – e é somente mediante o contrato social que se institui o Estado. Para Aristóteles a *polis* é algo constitutivo para o homem, é o que viabiliza sua essência, atualiza suas potencialidades. Ela não é, pois, um simples artifício humano.

A *polis* possui um caráter finalista, é o estágio final, no sentido de ser o estágio mais completo, das outras duas comunidades (família e aldeia). Aristóteles observa que a natureza de uma coisa é seu estágio final ou completo, seu horizonte de possibilidades plenamente desenvolvido: "[...] o que cada coisa é quando atinge seu completo desenvolvimento nós dizemos que é a natureza da coisa [...] a causa final, a finalidade de uma coisa, é o que há de melhor para ela e sua autossuficiência é, por sua vez, uma finalidade e um bem por excelência" (Pol, I, 2, 1252b-1253a). A *polis* possui primazia ontológica em relação às demais comunidades e também sobre o indivíduo. Na ordem cronológica (temporal) a *polis* vem por último; na ordem ontológica (essencial) ela vem em primeiro. Por isso Aristóteles afirma: "[...] a cidade é por natureza anterior à família e sobre cada um de nós tomado individualmente. Com efeito, o todo é necessariamente anterior à parte" (Pol, I, 2, 1253a).

A concepção de indivíduo

Essa caracterização da *polis* ajuda a identificar a concepção aristotélica de indivíduo. A questão aqui é quem é o indivíduo que possui a *polis* como lugar para tornar-se plenamente humano. Para Aristóteles o indivíduo é concebido por referência à cidade, esta o precede, é quem possibilita a realização de sua essência e a configuração de sua identidade. Um homem que por natureza não fizesse parte da *polis* seria um animal ou um deus, pois estaria abaixo ou acima da condição humana. Se abaixo, levaria uma vida miserável, "sem clã, sem leis, sem lar", ou seja: a) sem clã e linhagem ficaria sem identidade, reduzindo-se à condição de um "ninguém"; b) sem a *polis,* a vida política e suas leis que o educam e o humanizam, não viria a ser plenamente humano; e c) sem a *oikos*, a vida privada, colocaria em risco sua própria proteção e subsistência – nem escravo ele seria nesse caso. Em suma, nesse caso não poderia desenvolver-se como humano, uma vez que a *polis* é a única esfera possível para sua humanização. O homem, muito mais que a abelha ou qualquer animal gregário, é um ser vivente político (Pol, I, 1, 1253a; EN, IX, 9, 1169b). Além disso, é um ser de carências em um duplo sentido: carência "de alguma coisa que o leve a desejar e carência de alguém que o leve a se associar" (WOLFF, 1999, p. 86). São carências que se referem tanto a sua subsistência, o viver, quanto à realização plena de suas potencialidades, o bem viver. Tais carências revelam sua natureza comunitária e essencialmente política. As diferentes comunidades visam dar conta de tais carências, mas é na comunidade política que suas carências propriamente humanas são desenvolvidas (atualizadas).

Após destacar que a natureza não faz nada em vão – o que significa que tudo que é natural possui uma finalidade interna – Aristóteles observa que o homem é o único animal que possui o dom da fala e, por conseguinte, o senso da virtude e da deliberação. Ele distingue *logos* de *phoné* (Pol, I, 2, 1253a). O *logos* é linguagem articulada e se distingue da simples voz, que é apenas som. Certos animais não humanos parecem articular sons significativos, mas eles exercitam apenas a *phoné*. Por esse meio eles podem experimentar somente a sensação do doloroso e do agradável, não do justo e do injusto. A linguagem diferencia o homem dos outros animais por indicar a capacidade de se comunicar por conceitos e proposições e dessa capacidade deriva o senso moral que só é existente nele. A linguagem permite a percepção comum do justo e do injusto, ou seja, o senso e as qualidades morais. Ela permite ao homem perceber valores comunitários e expressá-los conceitualmente, pondo-os em comum. Tais valores possibilitam constituir uma vida em comum, relacionar-se com os outros, como ocorre na família ou na cidade. A linguagem articulada faz com que tais valores sejam colocados em comum pela discussão. A discussão pressupõe a contradição – o bom e o mau, o justo e o injusto – e sua prática deliberativa, mediante a igualdade de direito de falar na assembleia (*isegoria*). Isso também ocorre com a *isonomia*, a igualdade perante as leis. Quando destituído de tais valores o homem é "a mais impiedosa e selvagem das criaturas" (Pol, I, 2, 1253a).

Trabalho *versus* tempo livre

Se a condição para ser cidadão e ser educado para tal é a liberdade que advém do tempo livre faz-se necessário tratar da concepção aristotélica de trabalho, uma vez que esta vai em direção oposta à condição do cidadão e da educação adequada a ele. Isso leva Aristóteles a observar que todo homem que pode se furtar da administração da vida doméstica deixa os cuidados desta para um administrador e vai entregar-se à política ou à filosofia: "[...] aqueles que têm a possibilidade de poupar-se das preocupações domésticas possuem um encarregado que exerce esse ofício enquanto eles próprios dedicam-se à política ou à filosofia" (Pol, I, 7, 1255b). Os cidadãos são pouco numerosos, e os demais – como os artesãos e os escravos – servem de meio para satisfazer as necessidades dos primeiros. A diferença entre os artesãos e os escravos está no fato de que enquanto estes últimos servem às necessidades de uma única pessoa, os artesãos servem às necessidades públicas.

Mesmo que seja necessário à sobrevivência tanto do homem quanto da *polis*, o trabalho possui um caráter pejorativo. Isso se deve ao fato de os gregos entenderem que ele limita a liberdade e a autonomia do homem ao submetê-lo às necessidades vitais ou ao domínio de outro homem. No entanto, há que se observar que o trabalho escravo não possui como finalidade primeira a exploração de mão de obra ou a obtenção de lucros, mas liberar o homem livre das necessidades vitais e assegurar desse modo sua liberdade. Para os gregos, os aspectos que os homens tinham em comum com os animais eram considerados inumanos. O trabalho, ao limitar sua liberdade e autonomia, impede a atividade contemplativa e a prática da virtude, atividades que por excelência possibilitam o desenvolvimento do ser do homem. Ele impede que o homem desenvolva suas potencialidades em plenitude e sua finalidade, a qual está associada à vida política e à vida contemplativa. Nesse sentido, Aristóteles não negava que o escravo fosse humano, mas que ele pudesse se desenvolver plenamente como humano.

O trabalho, tal como compreendido pelos gregos, não possui qualquer conotação intelectual pois ele, ao contrário, impede a contemplação. Para poder orientar-se à contemplação, o homem precisa estar livre da tarefa de garantir as necessidades vitais. A contemplação requer tempo livre, ócio.[1] A felicidade coincide com o tempo livre e, por essa razão, o trabalho tem de existir em função do tempo livre (EN, X, 7, 1177b). Por estar preso à esfera da satisfação das necessidades, impõe limites à realização da finalidade do homem, impedindo que esta seja alcançada. Ocorre que ele é considerado como um processo de produção manual ligado de modo estrito às necessidades biológicas. O trabalho – que é sempre trabalho manual para Aristóteles – distingue-se das atividades do homem livre, como é o caso da filosofia e da política. Ele é reduzido à produção e reprodução material da vida, é *poiesis*, jamais *theoria* (contemplação) ou *práxis* (ação). Como se pode perceber, a concepção aristotélica acaba operando uma clara separação entre trabalho manual e trabalho intelectual, embora Aristóteles não reconheça este último como tal.

O trabalho implica uma dimensão cognitiva e uma atividade que se refere a tal dimensão. Em sua dimensão cognitiva é *techne*, o saber a que sua atividade se refere, e em sua atividade ou exercício é *poiesis*. A *techne* é definida por Aristóteles como uma "disposição para produzir acompanhada de regra, isto é, à capacidade de fazer" (EN, VI, 4, 1140a). A *poiesis* é uma atividade pela qual se produz um objeto externo à própria atividade. Assim, pelo trabalho manual produz-se um objeto distinto da ação de trabalhar e externo ao agente que executa o trabalho. Ao trabalhar, o

---

[1] Tanto a tradução brasileira de Mário da Gama Kury como a francesa de J. Tricot utilizam o conceito "lazer" para traduzir a palavra *skholé*. Optamos por utilizar para ela a expressão tempo livre, já que as palavras "lazer" e "ócio" em português denotam mais o sentido grego da *anapausis*.

agente aperfeiçoa não a si mesmo, mas ao objeto, que lhe é externo. Por conseguinte, o trabalho não possui um fim em si mesmo, mas ulterior a si.

É precisamente nesse aspecto que reside seu caráter inferior relativamente a atividades como a *práxis* (a ação do político) e a *theoria* (a atividade contemplativa). Ele se distingue e contrasta com a *práxis*, pois esta é uma atividade que possui um fim imanente, intrínseco a sua própria atividade. A *práxis* aperfeiçoa o sujeito que age, é uma ação que possui finalidade em si mesma. O mesmo vale para a atividade contemplativa. Como o importante aqui é sempre o fim visado pela atividade desenvolvida – no caso, o produto, e não a ação de produzi-lo –, o trabalho não serve para aprimorar o sujeito, mas o produto que decorre da ação de trabalhar e que é externo a quem o executa. Ele possui, desse modo, um *status* inferior no quadro das atividades humanas. Essa inferioridade é definida justamente pelo caráter finalista que é externo ao sujeito que o desenvolve.

O trabalho é considerado por Aristóteles sempre como meio para alcançar fins que estão para além dele próprio, quais sejam, a aquisição de bens e a satisfação das necessidades vitais. Esses fins, por sua vez, não são fins em si, mas meios para outros fins, como o de buscar uma vida *eudaimônica*, o verdadeiro fim em si. A função do trabalho é a de garantir especificamente a subsistência, as necessidades vitais do homem. Por isso, a juízo de Hannah Arendt (1989), a concepção aristotélica do trabalho estaria associada muito mais ao *animal laborans* do que ao *homo faber*. O primeiro está diretamente ligado e submetido à esfera da necessidade, ou seja, à satisfação das carências biológicas mais elementares do ser humano, e sua atividade não tem começo nem fim. O segundo se coloca não apenas na posição de senhor da natureza, mas também de si mesmo e de seus atos e sua atividade de fabricação não tem apenas um começo definido como um fim definido e previsível.

Além das razões filosóficas já apresentadas, o trabalho em Aristóteles possui uma conotação negativa por pelo menos dois motivos. O primeiro deles deve-se ao fato de possuir um caráter necessitário, de submissão. Isso ocorre na medida em que ele submete o homem à natureza, impedindo sua liberdade, e também um homem a outro homem – o escravo ao senhor –, impedindo sua autonomia. Isso faz do escravo um instrumento animado que se limita a executar ordens, uma vez que não possui capacidade de comando – o *logos* operativo oriundo da capacidade de deliberar e de prever –, mas apenas o *logos* constitutivo, que é a capacidade de compreender e de obedecer. Instrumento é definido, em sentido geral, como um "elemento auxiliar". Aristóteles observa que a vida é ação, e não produção. Por conseguinte, o escravo é definido como um auxiliar situado "entre os instrumentos destinados à ação" (Pol, I, 4, 1254a).

Instrumento de ação é um instrumento de *uso*, não de produção, pois com ele não se produz nada, mas executa-se uma ação. Ser instrumento de ação significa possibilitar a outro homem a participação (ação) na *polis*. Por essa razão, o escravo é as "mãos do senhor", uma espécie de complemento deste. Seu trabalho viabiliza ao senhor dispor de tempo livre e de mãos livres para as atividades da *polis*. Se ele fosse instrumento de produção teria a finalidade de otimizar resultados no trabalho produtivo da o*ikos*, ou seja, aumentar as riquezas de seu senhor, o que não é o caso. A segunda razão é que ele embrutece o homem por aprimorar o produto de sua atividade, e não a si próprio.

O trabalho é vinculado à *poiesis*, a esfera da produção. O saber produtivo, *poiético,* possui como objeto aquilo que é contingente. O *contingente* poder ser ou não ser, o que significa que tanto pode ser de uma maneira como de outra, diferente do *necessário*. Desse modo, a potencialidade da coisa a ser produzida tem de ser atualizada de um modo não necessário pelo agente que produz. Se o fim da *techne* e de seu ato, que é a *poiesis,* é externo ao ato de produzir, o seu princípio está no agente que produz. Isso significa que o produto tem como origem a ideia (*eidos*) que está em quem produz. Este se dirige à matéria para imprimir-lhe uma nova forma. Como assevera Aristóteles, "aquilo que vem a ser a partir da arte são as coisas cuja forma se encontra na alma daquele que produz" (Mét, VII, 7, 1032a-b).

O conhecimento próprio da *techne* tem sua origem e é acompanhado pela experiência, mesmo que se distinga desta. Ocorre que a *techne*, mesmo que seja conhecimento do universal, sempre se refere ao particular. Ela tem origem quando "a partir de numerosas noções fornecidas pela experiência resulta uma única concepção universal a respeito de casos semelhantes" (Mét, I, 1, 981a). Não basta a alguém saber, por exemplo, como se constrói uma casa. Para que esta seja realmente construída o conhecimento a seu respeito tem de ser efetivado e, para tal, requer-se a experiência. A *techne* e a *poiesis* não dependem apenas uma da outra, mas ambas precisam da experiência para unirem-se em um trabalho determinado. A experiência se refere sempre aos casos particulares, a ciência, ao universal (Mét, I, 1, 981a).

Todavia, há que se considerar que a *techne* grega se distingue da técnica moderna. Ocorre que, para Aristóteles, a *techne* imita a natureza ou realiza aquilo que esta não é capaz de desenvolver plenamente. Por isso, como destaca Berti, a arte deve "conhecer as formas naturais e procurar adaptar-se-lhes; portanto, não é expressão de uma atividade de domínio [...], ao contrário, é submetida à natureza, adapta-se-lhe, procura, quando muito, aperfeiçoá-la, não submetê-la ao homem" (1998, p. 163). Embora a *techne* tivesse seu papel em relação à vida doméstica e da *polis,* o importante mesmo para os gregos em sua concepção de atividade e em seu ideal de vida era a teoria, seguida da virtude moral. Além disso, o trabalho como *poiesis* não se vincula com a *práxis*, isto é, com a ação e a virtude moral. Os trabalhadores não parecem ter a necessidade de muitas virtudes, e os escravos, de nenhuma, pois o tipo de vida que levam não permite aprimorarem as qualidades morais (Pol, III, 5, 1278a). Desse modo, não há relação entre virtude e trabalho. Eles são coisas distintas e por vezes parecem ser excludentes.

Não há também, na visão greco-aristotélica, nenhuma concepção de progresso pelo trabalho. Esse fator é digno de consideração, pois é exatamente a ideia de progresso que está na essência da concepção iluminista moderna do trabalho e é o que ajuda este a assumir uma conotação positiva a partir da modernidade. A ideia de progresso pelo trabalho não está presente entre os gregos porque a história para eles é entendida de modo cíclico. Se a história se volta eternamente sobre si mesma, o trabalho não possui a característica de ser uma atividade transformadora do mundo. Para o trabalho ser transformador se faz necessário o advento de uma visão linear da história. Além disso, na concepção grega não ocorre uma substituição do mundo enquanto natureza por um mundo humano constituído de artefatos. Por essa razão, o problema das relações entre técnica e natureza não foi colocado pelos gregos (INNERARITY, 1990). O mundo não é entendido como objeto de intervenção técnica, mas de contemplação. A rigor, o homem coloca-se diante da natureza não para transformá-la – atitude instrumental –, mas para contemplá-la e adaptar-se a ela – atitude teorética. Os gregos não possuíam uma visão instrumental da natureza pelo respeito que tinham a ela e em razão de sua concepção cíclica da história. A natureza não era concebida como um espaço de intervenção humana.

Transformar a natureza possui assim um valor relativo e a própria história não é concebida como possuindo um *telos*, uma culminação. As ações humanas possuem um sentido não em sua dimensão histórica, mas por referência ao fim do homem, sua plenitude (a *eudaimonia*). A vida possui um *telos*, a história não, razão pela qual entre os gregos não há progresso nem transformação do mundo, no sentido moderno do termo, pelo trabalho. Nesse sentido, é somente com o cristianismo, na medida em que este vai utilizar uma visão linear da história, ao invés de cíclica, e uma concepção de intervenção do homem sobre a natureza que as bases para a ideia de progresso são colocadas. O que preocupava os gregos, observa Karl Löwith, era o "*logos* do *cosmos*, e não o *Senhor* ou o sentido da *história*" (1991, p. 18). A história só terá um sentido "se se indicar um objetivo transcendente que ultrapasse os verdadeiros factos. [...] Arriscar uma afirmação sobre o sentido dos acontecimentos históricos só é possível quando surge seu *telos*" (1991, p. 19).

Aristóteles, de sua parte, opera com o princípio de razão suficiente: todo efeito no mundo possui uma causa que lhe é precedente, uma vez que "é impossível que uma coisa seja produzida sem que algo exista antes" (Mét, VI, 7, 1032b). O mundo, portanto, não é algo criado. Algo só pode passar da condição de *não ser* para a de *ser* mediante uma matéria que seja preexistente. Esta é a fonte de tudo o que pode vir a ser gerado, ou seja, da transformação de potência em ato. Essa doutrina do ato-potência aplicada por Aristóteles a vários domínios, como o da educação, não é aplicada à história.

Capítulo VI

A dimensão política da educação

A dimensão política da educação se estrutura em primeiro lugar em torno da noção de cidadania – e ser cidadão pressupõe pelo menos duas condições fundamentais estritamente interligadas: possuir tempo livre e fazer parte da *polis*. O primeiro aspecto se define em contraste com o tempo vinculado à satisfação das necessidades vitais, o tempo da *oikos*. A pertença à *polis* supõe as noções de cidadão e de tempo livre que remetem, por sua vez, para o papel da educação dentro da *polis*. Aristóteles confere à educação um papel central na formação do cidadão. Ela é pública e igual para todos os homens livres. Ganha destaque, por contraste a este aspecto, o papel do trabalho e as razões pelas quais ele, entendido sempre como trabalho manual, impede a cidadania e, pois, é concebido com uma conotação negativa. Como a cidadania pressupõe o tempo livre, a distinção entre o tempo dedicado à satisfação das necessidades na *oikos – askholia –* e o tempo livre, dedicado às coisas da *polis – skholé –*, é fundamental.

Por fim, na medida em que o espaço de atuação do cidadão é a *polis,* impõe-se tematizar a relação entre o indivíduo e a *polis*. A pergunta norteadora dessa relação é: pode a *polis* ser ética se os cidadãos não o forem? As qualidades de um homem bom devem ser as mesmas de um bom cidadão? Uma vez mais a educação assume um papel decisivo: a formação de bons hábitos e o recurso a boas leis é o que a define. Isso significa que uma *polis* ética depende do caráter dos cidadãos e de sua participação em tal esfera. Esse vínculo indissociável entre o homem livre e a *polis* retrata o caráter organicista da concepção grega de indivíduo, a qual contrasta com a tendência de atomização do sujeito que marca a sociedade moderna e é refletida em determinadas correntes da filosofia nesse período.

O sentido antropológico da *polis*

Se a *oikos* é a esfera da necessidade e, portanto, do trabalho enquanto satisfação das necessidades vitais, a *polis* será o espaço para a formação do ser pleno do homem. A ideia central é do homem como *zoonpolitikon*, ou seja, um ser que só pode se efetivar mediante o exercício da *biospolitikos*. A *polis* assume, nesse contexto, um sentido genuinamente antropológico e educativo. Trata-se do espaço por excelência onde a realização plena do ser do homem pode concretizar-se. Para Aristóteles o ser do homem não está dado ao nascer, mas tem de ser efetivado, pois suas potencialidades não asseguram de *per se* sua realização. Essa visão em torno do ser do homem decorre de uma concepção finalista acerca das coisas ou seres existentes. Ocorre que, se tudo o que existe está integrado em um todo bem ordenado (*cosmos*), e cada ser possui sua especificidade, então também o homem deverá ter a sua. A esta especificidade está associada, como uma de suas dimensões fundamentais, a vida ativa em seu aspecto ético-político e a esfera pública como o espaço que permite a consecução da finalidade do ser do homem.

A ciência política, em sua dimensão específica, terá de refletir sobre a *práxis* humana. Ela possui a finalidade de ocupar-se com as coisas da *polis*, diferentemente da economia doméstica que trata dos assuntos da *oikos*. Por outro lado, seu estatuto não difere apenas daquele das atividades produtivas, mas também e substancialmente do modelo moderno onde a reflexão política tende a ocorrer a partir do indivíduo autônomo isolado. Aristóteles parte do indivíduo sim, mas dele em sua vida organizada pelas instituições da comunidade política. Nesse sentido, é na *polis* que suas potencialidades se atualizam. A atualização das potencialidades humanas depende em boa parte de fatores externos ao indivíduo. A ação educativa, desenvolvida mediante os preceptores ou as instituições da *polis,* constitui-se num dos mais importantes de tais fatores. Aristóteles identifica dois tipos de potências, as inatas e as adquiridas. As primeiras são oriundas, por exemplo, dos sentidos. As que são adquiridas advêm pela prática. É o que ocorre com as artes (Mét, IX, 5, 1047b) e também com a educação.

A inserção na *polis* é fundamental para a busca do bem viver. Esse ideal de vida tem em vista o aspecto da realização plena do indivíduo que é o que torna "imortal" o homem-cidadão. Nas palavras de Hannah Arendt, "por sua capacidade de feitos imortais, por poderem deixar atrás de si vestígios imorredouros, os homens, a despeito de sua mortalidade individual, atingem o seu próprio tipo de imortalidade e demonstram sua natureza 'divina'" (ARENDT, 1989, p. 28). Arendt lembra que a estima dos antigos pela política estava amparada na convicção de que o homem "aparece e confirma-se no discurso e na ação, e de que estas atividades, a despeito de sua futilidade material, são dotadas de certa permanência própria" (1989, p. 220). A imortalidade é o permanecer vivo na memória da comunidade e das gerações posteriores através da realização de feitos marcantes e de ações nobres. Esses são os "vestígios imorredouros" a que se refere Arendt, baseada na concepção de Aristóteles de que deveríamos, tanto quanto possível, agir como se fôssemos imortais, empenhando-nos ao máximo para viver de acordo com o que há de melhor ou mais elevado em nós mesmos enquanto humanos (EN, X, 7, 1177b).

Esse desenvolvimento só pode ocorrer na esfera pública, onde o indivíduo poderia tanto sobressair-se como distinguir-se dos outros. Desse modo, as atividades levadas adiante perante seus pares na esfera pública poderiam alcançar um nível de excelência impossível de ser atingido na esfera privada (ARENDT, 1989). A imortalidade se refere à extraordinária capacidade que determinados homens tiveram ou têm de atualizar suas potencialidades. É algo que se encontra ao alcance dos homens, mas que lhes exige esforços. Ela é própria daqueles que constantemente provam ser excelentes e que preferem agir dessa forma. Esta é a imortalidade humana, distinta da dos deuses e, nesse sentido, ela revela uma espécie de "natureza divina", que é o nível mais elevado a ser alcançado pela natureza humana. A ideia grega de imortalidade se distingue, portanto, da ideia de eternidade assimilada posteriormente pela cultura ocidental pelo cristianismo. A de eternidade está associada à crença em uma vida após a morte como recompensa para todos os males ou vicissitudes desta vida. Tal ideia era estranha aos gregos.

Por ter de ser uma "comunidade de homens livres", a *polis* se distingue da sociedade civil moderna. A *polis*, diferentemente desta última, não é uma associação de indivíduos em função da autoconservação, da sobrevivência ou do bem-estar material. O que ela visa é ao bem viver, à vida ética do homem. Se a natureza de um ser só pode ser conhecida na medida em que ela se atualiza, no homem isso ocorre por meio da *polis*. Sem esta, sua natureza não passaria de mera possibilidade.

A *polis* é algo que se determina em contraposição à *oikos*, que se constituía na esfera da produção material da vida. Diferentemente da *oikos*, a *polis* é a esfera da liberdade e é nesta que o ideal de vida aristotélico pode ser efetivado. A *práxis* é o elemento que faz a mediação da autonomia do indivíduo com a universalidade – atualização da essência – que se dá em tal esfera por meio de suas instituições. Essa inserção visa muito mais à *práxis* boa que à autopreservação, e a ética e a política se apresentam intimamente comprometidas com a melhoria do agir humano. A *polis* visa à garantia da essência, e não apenas da existência humana, é o espaço do *bem viver,* pois tem por finalidade possibilitar a vida boa para os cidadãos enquanto homens livres:

> [...] mas os homens não se associam em vista apenas da existência material, mas antes em vista da vida bem

vivida (se assim não fosse, uma coletividade de escravos ou de animais formaria um estado [...]), e eles não se associam para formar uma simples aliança para defesa contra toda injustiça e também não em vista apenas de trocas comerciais e de relações de negócios uns com os outros. [...] Todas as cidades que, ao contrário, se preocupam em ter uma boa legislação dão uma séria atenção àquilo que toca à virtude e ao vício de seus cidadãos. Disso decorre também que a virtude deve ser objeto de atenção da cidade verdadeiramente digna desse nome e que não o seja apenas no nome, pois de outra maneira a comunidade se torna uma simples aliança [...] a lei, então, passa a ser uma convenção, [...] uma simples caução garantindo as relações de justiça entre os homens, mas se torna incapaz de tornar os cidadãos bons e justos. [...] Vê-se, pois, que a cidade não é uma simples comunidade de laços estabelecida em vista de impedir as injustiças recíprocas e de favorecer o intercâmbio de produtos. [...] uma cidade é uma comunidade de famílias e vilas numa vida perfeita e independente, isto é, no fato de viver conforme a felicidade e a virtude (Pol, III, 9, 1280a-1281a).

A *polis* deveria se apoiar na virtude de seus cidadãos, pois do contrário ela se converteria numa mera confederação, numa comunidade jurídica fundada para o comércio e a guerra. Alguém só pode se constituir cidadão através das leis e dos costumes da vida em comum com os outros cidadãos (os *isoi*). A política e a ética vinculam-se intimamente porque a organização da vida em comum tem de ser racional, ou seja, tem de estar de acordo com normas. A política, assim, não se reduz à administração de coisas, mas se vincula à organização da vida humana a partir de normas racionais. Aristóteles dirá que ela não se relaciona ao *viver*, mas ao *bem viver* e deve conduzir os homens para a vida racional. Isso coloca a questão da formação do indivíduo dentro de uma esfera única, a qual possibilita desenvolver suas capacidades enquanto tal.

Cidadania e educação

A educação visa, em última instância, formar o cidadão para uma *polis* ética. No início da *Política*, após analisar os elementos que compõem a família (*oikos*) e a aldeia (*komé*), Aristóteles volta-se para a cidade (*polis*). Como a cidade é composta por cidadãos, ocupa-se em discutir quem são estes. Ser cidadão de uma *polis* tem certas implicações. Em primeiro lugar, não é suficiente ser descendente de cidadãos nem simplesmente morar no espaço físico da cidade, pois neste estão domiciliados também os estrangeiros residentes e os escravos. É preciso participar nos tribunais ou nas magistraturas, ou seja, fazer parte da assembleia, que tem por função legislar e governar a cidade. O cidadão em sentido estrito é definido pela "participação nas funções judiciárias e nas funções públicas em geral" (Pol, III, 1, 1275a). Somente é cidadão aquele que participa direta e plenamente no governo da coisa pública por meio da elaboração das leis, da garantia de sua aplicação e da administração da justiça, ou seja, só é cidadão quem possui o direito de participar da função deliberativa ou da judicial. Trata-se dos homens iguais e livres.

A *igualdade* é traduzida pelo mesmo direito de todos os cidadãos de falarem na assembleia (*isegoria*) e de terem a mesma condição perante a lei (*isonomia*). A *liberdade* decorre da igualdade na medida em que consiste em exercer esses dois direitos dentro da *polis* (Cortina, 2005). Há que se observar, porém, que esses dois princípios são restritivos. Os camponeses, os membros de uma cidade conquistada, os escravos, etc. não são cidadãos. Os próprios artesãos e os estrangeiros, mesmo sendo livres, não têm o *status* de cidadãos por não possuírem tais direitos, nem o tempo necessário para exercerem as funções próprias à cidade. Outra razão para a não participação dos estrangeiros é a de não poderem fazer parte do culto da cidade. Os artesãos e os trabalhadores que recebem salário são excluídos da cidadania também – ou principalmente – por levarem um tipo de vida que não permite aprimorar suas qualidades morais (Pol, III, 5, 1278a).

A liberdade, diferentemente da conotação filosófica moderna do termo, implica a vida inserida nas instituições da *polis*; sua esfera é a da vida política, opõe-se à esfera da necessidade, própria do âmbito pré-político da *oikos*, e está articulada com a igualdade. Aristóteles apresenta a liberdade e a igualdade como princípios fundamentais de uma *polis* democrática. A liberdade só pode ser desfrutada na democracia e se traduz ali por meio do princípio de "governar e ser governado alternadamente". O outro princípio é o da igualdade, expresso pela noção de o "homem viver como quer" – o que só é possível para quem é livre –, do que decorre a pretensão de não ser governado por homem algum ou, se isso não for possível, de "governar e ser governado alternadamente" (Pol, VI, 2, 1317b; III, 16, 1287a). Arendt observa que

> [...] todo o conceito de domínio e submissão, de governo e de poder no sentido em que o concebemos, bem como a ordem regulamentada que os acompanha, eram tidos como pré-políticos, pertencentes à esfera privada, e não à esfera pública. A *polis* diferenciava-se da família pelo fato de somente conhecer "iguais", ao passo que a família era o centro da mais severa desigualdade. Ser livre significava ao mesmo tempo não estar sujeito às necessidades da vida nem ao comando de outro e também não comandar. Não significava domínio, como também não significava submissão. Assim, dentro da esfera da família, a liberdade não existia (1989, p. 41-42).

A boa cidade é aquela que se constitui como meio a impulsionar o homem à realização de sua essência, aspirando à vida boa. Uma *polis* não se orienta por qualidades morais por obra do acaso, mas de ciência e premeditação. Somente numa cidade tal um bom cidadão pode ser um homem bom. Aristóteles vai insistir que numa *polis* boa "as qualidades de um homem e de um cidadão devem ser necessariamente as mesmas" (Pol, III, 18, 1288a). Isso é de fundamental importância, pois a vida eudaimônica consiste na ação (*práxis*) e no pleno desenvolvimento das melhores qualidades dos cidadãos. Aristóteles pensa ser difícil ao homem que infringe a lei agir posteriormente de modo suficiente para reabilitar-se de sua transgressão à moralidade.

Nesse sentido, as pessoas dotadas de qualidades morais mais desenvolvidas e da capacidade de colocá-las em ação deveriam ser tomadas como referência pelos demais homens e serem seguidas. As qualidades morais individuais dos cidadãos são de importância indiscutível e apresentam-se como necessárias para a boa condução da *polis*:

> [...] uma cidade é virtuosa pelo fato de que os cidadãos que participam de seu governo são eles mesmos virtuosos; ora, em nossa cidade todos os cidadãos participam de seu governo. O ponto a considerar é, pois, o seguinte: como um homem se torna virtuoso? Pois mesmo se fosse possível que o conjunto dos cidadãos fosse virtuoso, sem que nenhum deles o fosse individualmente, é todavia a virtude individual que é preferível, pois a virtude do corpo social inteiro decorre logicamente da virtude de cada cidadão (Pol, VII, 13, 1332a).

Sobre a educação dos cidadãos ocupa lugar de destaque o contraste *skholé-askholia* (Pol, VII, 14, 1333a; VIII, 3, 1337b-1338a; EN, X, 7, 1177b) porque o trabalho deve existir em função do tempo livre ou da liberdade. A *skholé* é ser senhor do seu próprio tempo para dedicar-se às coisas da *polis*; refere-se à formação não utilitária da pessoa e constitui-se numa situação própria de quem não tem a necessidade de trabalhar. A característica central da *skholé* é opor-se à ocupação, ao trabalho, sobretudo quando se trata de atividade orientada por objetivos concretos e com finalidade utilitária. Sua finalidade reside em si mesma, não podendo haver qualquer outro motivo para realizá-la que o simples fato de realizá-la. Distingue-se tanto da *anapausis,* que é o repouso (descanso), e da *paideia* quanto da *diagogé*, atividade nobre que junta prazer com aperfeiçoamento moral e está relacionada à vida do sábio (espécie de fruição estética no sentido atual).

Entre os romanos o tempo livre (ócio) começará a receber outra conotação, caracterizando-se como tempo para descanso e recreação, posterior ao trabalho – *nec-otium*, negação do ócio –, para que o sujeito se recupere das fadigas por ele geradas e volte a exercê-lo. Trata-se de um tempo de ausência de trabalho, mas definido por referência ao próprio trabalho. O ócio possui aqui uma conotação instrumental: "O ócio já não é um fim em si mesmo, uma vez que tem o *negotium* como finalidade e se converte, assim, em um meio para conseguir o máximo proveito do trabalho" (Puig Rovira; Trilla, 1996, p. 23). Vale observar que o termo *skholé é o que dá* origem a *schola* em latim e, depois, à palavra "escola" em português.

A *askholia* refere-se ao tempo destinado ao trabalho cotidiano ditado pela esfera da necessidade. Assim como a guerra deve ocorrer em função da paz, o trabalho é feito em função do tempo livre (*skholé*). O estabelecimento do tempo livre e da paz é o grande objetivo dos homens na esfera política. Esta última deve ser orientada pelas virtudes compatíveis com a *skholé*, tais como a moderação, a coragem e a tenacidade:

> Dado que, coletivamente ou individualmente os homens manifestam o mesmo fim e que é o mesmo objetivo que deve necessariamente ser aplicado para o melhor homem e para a melhor constituição, é claro que as virtudes que se referem ao tempo livre devem pertencer tanto às cidades quanto aos indivíduos, pois [...] a paz é o fim último da guerra, e o tempo livre, da vida ativa. Mas as virtudes úteis ao tempo livre e à atividade contemplativa são não apenas aquelas praticadas no tempo livre, mas também aquelas presentes na vida ativa, pois muitas das coisas necessárias à existência devem estar em nossa posse para que nos seja possível levar uma vida de tempo livre. Cabe à cidade, pois, ser moderada, corajosa e tenaz, pois, segundo o provérbio, não há vida de tempo livre para os escravos [...]. Assim, pois, a coragem e a tenacidade são exigidas para a vida ativa, a atitude intelectual, para

o tempo livre, e a moderação e a justiça, para ambas as situações [...] (Pol, VII, 15, 1334a).

Tais qualidades morais são requisitos para uma *polis* boa e eudaimônica, pois se é ignominioso aos homens não saberem usar os bens da vida, pior ainda o é em duas outras situações, a saber: quando não os souberem usar ao usufruírem o tempo livre e quando se mostrarem bons nos negócios e na guerra, mas se comportarem como se fossem escravos na paz e no tempo livre (Pol, VII, 14, 1334a). Se o tempo livre (*skholé*) é condição de possibilidade para a liberdade e, pois, para a participação da *polis,* a *askholia* denota o tempo da *oikos* dedicado à satisfação das necessidades vitais. Aristóteles distingue, mediante essas duas concepções de tempo, a diferença entre ser livre ou não e, portanto, entre ser cidadão ou não. O tempo da *oikos* é aquele dedicado à subsistência e exclui a cidadania. Por essa razão, todos aqueles sem os quais a cidade não subsistiria não deveriam ser considerados cidadãos legítimos, como é o caso dos artesãos. Desse modo, nem todas as pessoas de cuja existência a *polis* depende devem ser cidadãos (Pol, III, 5, 1278a-b).

Os cidadãos da *polis* ideal, portanto, não trabalham; eles a governam deliberando, legislando e administrando a lei. Na *Política* esse aspecto é atestado com muita clareza, sobretudo ao referir-se à constituição. A melhor constituição é aquela que torna a cidade mais feliz, e a felicidade é indissociável das qualidades morais dos cidadãos. Por essa razão, numa cidade bem constituída e dotada de homens justos, os cidadãos não devem levar uma vida de trabalho trivial ou dedicada aos negócios. Ocorre que tal tipo de vida não é compatível com as qualidades morais. Os cidadãos também não devem ser agricultores, pois o tempo livre é necessário tanto ao desenvolvimento das qualidades morais quanto à prática das atividades políticas (Pol, VI, 9, 1328b; VIII, 2, 1337b).

Todos os homens que possuem vida política estão livres do trabalho manual de modo a serem senhores de seu próprio tempo, o que é condição fundamental para poder tomar parte das atividades da *polis* e dedicar-se integralmente ao bem desta como comunidade (DÜRING, 1995). É em decorrência dessa concepção que Aristóteles vai falar em duas ágoras e da necessária diferença entre elas: "A ágora das mercadorias deve ser distinta e diferente da ágora livre [...] destinamos a ágora superior à vida de tempo livre (*skholé* AC) e a outra às necessidades práticas" (Pol, VII, 12, 1331b). O tempo livre depende da posse de bens e de uma boa situação econômica. Disso decorre que a base da cidadania grega era a economia (GUARIGLIA, 1992, v. 2, p. 281).

O cidadão, pois, não se dedicará à satisfação das necessidades – tarefas dos não livres –, mas às atividades da *polis*. Por conseguinte, não receberá uma educação profissional e técnica (*techne*), mas será preparado para ser bom soldado e bom governante. O papel da educação em Aristóteles é o de formar o cidadão. A educação do indivíduo está diretamente relacionada à sua formação política, de modo que o problema da educação é tematizado como problema político. O problema educativo era, para os gregos, o próprio problema da vida política, uma vez que uma não existia separada da outra (MORANDO, 1953). Nesse sentido, a educação ateniense possuía duas finalidades específicas: o desenvolvimento do cidadão em consonância com a *polis* e a formação do homem como pessoa. Essa concepção de educação era desvinculada da preparação técnica e profissional do educando e de qualquer cultura especializada e com objetivos utilitários.

Ela não estava voltada para profissões particulares, o que é ilustrado pelo fato de os artesãos e comerciantes fazerem o aprendizado de seus ofícios fora da escola. Tratava-se, pois, de uma educação desinteressada, orientada para desenvolver capacidades e atitudes próprias à vida de um homem livre (MORANDO, 1953). Sua característica é a de uma educação aristocrática dirigida especificamente para jovens de boa estirpe, que dispunham de tempo livre e, pois, era separada das exigências próprias do trabalho manual cotidiano e das finalidades das atividades utilitárias ou de subsistência. Na concepção educativa de Aristóteles a instrução do cidadão deve ser geral e compartilhada por todos os futuros cidadãos; não se restringe a uma função específica, mas deve preparar para todas as funções relacionadas à vida política. A educação do escravo e do artesão é de outro tipo. Trata-se de um ensino especializado que desenvolve uma parte do homem, ou seja, aquela adequada ao ofício que cada um deve desempenhar.

Eles são úteis à cidade em uma única tarefa. A educação do cidadão, diferentemente, deve prepará-lo para desempenhar as diferentes tarefas da vida política, como as de administrar a justiça, legislar e governar. A educação visa formar homens no sentido amplo do termo, orientada por interesses culturais variados e pelo ideal de beleza e harmonia. Para esse ideal deveriam contribuir o ensino da ginástica, que visava à saúde, à força e à beleza do corpo, bem como o da música, do canto e da dança, que buscavam a formação espiritual e eram cultivados por motivos estético-morais. A educação, assim entendida, deveria ser a mesma para todos os jovens e regulada pela cidade; é essencialmente pública e deveria ser coerente com a finalidade da cidade e com a forma de governo que orienta a vida política. Nesse sentido, haveria a necessidade da ocorrência de uma correlação estreita entre os costumes e a organização da *polis*.

A cidade, através da educação, deve procurar criar nas crianças hábitos consonantes com a constituição. Quando isso não ocorre, é a própria cidade e seu governo que saem prejudicados: "[...] ninguém contestará que o legislador deve se ocupar antes de tudo com a educação dos jovens. Efetivamente, as cidades que negligenciam esse dever provam um grave dano para suas constituições, pois é necessário que a educação recebida seja adaptada a cada forma específica de constituição uma vez que cada tipo de constituição tem seus costumes próprios que asseguram ordinariamente a conservação da cidade [...]" (Pol, VIII, 1, 1337a). O cidadão deve ser formado pela *polis* de acordo com suas leis e ideais próprios. Assim, a educação e a política partilham a mesma finalidade, a felicidade da cidade, e a *polis* deve promover o desenvolvimento das potencialidades naturais dos cidadãos. Como há um fim único para a cidade toda – que é a *eudaimonia* –, a educação deve ser uma só e a mesma para todos.

Para dar conta da finalidade da cidade o homem de Estado e o pedagogo devem conhecer profundamente a alma humana. O verdadeiro político deve estudar a excelência ou virtude da alma de modo especial, uma vez que pretende tornar os cidadãos homens honestos e observadores da lei (EN, I, 13, 1102a). O fim visado pelo ideal de vida aristotélico permite entender por que é necessário haver coincidência entre o homem bom (ética) e o bom cidadão (política). Tal fim indica para a articulação orgânica entre ética e política, pois um homem bom pode não ser um bom cidadão e um bom cidadão pode não ser um homem bom. A educação deveria ajudar a tornar os homens bons, pois somente estes teriam condições de sustentar uma *polis* boa. Para tal, requer-se, ainda, o auxílio de boas leis, as quais precisam ser assimiladas pelo homem-cidadão. As leis possuem um papel educativo por aperfeiçoar os homens, constituindo-se num meio próprio para alcançar a *paideia*.

O papel educativo das leis

As leis possuem um papel de grande importância na educação do cidadão. O próprio diálogo *As leis*, de Platão, tinha como uma de suas ideias básicas a função educativa das leis. Para Platão, toda a legislação era educativa por ser formação na virtude. Aristóteles, nessa mesma direção, é bastante claro ao referir que a educação pública é assunto de interesse de toda a cidade, é exercida mediante boas leis e somente estas podem produzir uma boa educação (EN, X, 10, 1180a). A lei ajuda a desenvolver o hábito para a prática de ações virtuosas dentro da *polis* e cabe ao legislador a tarefa de estabelecer tanto os meios e as maneiras de tornar os homens bons quanto o objetivo da vida mais perfeita (Pol, VII, 14, 1333a).

A lei deve acompanhar o processo educativo, embora as crianças ainda não possuam condições plenas de entendê-las e segui-las. A criança é um cidadão incompleto, não possui todas as suas faculdades desenvolvidas, não sendo ainda capaz de articular desejo e razão de modo pleno. Ela ainda não consegue orientar-se em relação às leis por escolha deliberada. A formação de seu caráter necessita também de sanções exteriores e cabe ao pai zelar para que sua educação ocorra de acordo com as leis da cidade. Ela também não tem ainda plenos direitos políticos, razão pela qual a lei passa pelo pai e, pois, tem um papel indireto na infância. Porém, as crianças crescem para participar do governo da cidade e, por essa razão, sua educação deve ser conduzida tendo em vista a forma da constituição adotada por ela (Pol, I, 13, 1260b). Cabe à cidade, portanto, definir como a educação será realizada.

Após a infância, tem-se, dos sete aos 21 anos, o período da *paideia* propriamente dita e nesse a lei continua sendo aplicada de maneira indireta, mas num grau maior, pois o jovem possui o caráter mais desenvolvido que a criança, mas menos que o adulto. Nessa fase o papel educativo da lei ganha saliência, pois, como observa Aristóteles, "receber desde a juventude uma educação orientada com retidão para a virtude é algo difícil de imaginar quando não se foi criado sob leis justas" (EN, X, 10, 1179b). Dado que viver na temperança e na constância não é do agrado da maioria dos homens, sobretudo os jovens, é preciso regrar, mediante leis, a maneira de educá-los, assim como seu gênero de vida, uma vez que as leis deixarão de ser penosas no momento em que se tornarem habituais (EN, X, 10, 1179b).

Presume-se que quando bem-sucedido o processo educativo ajude a formar adultos que ajam virtuosamente. Pode-se supor ser possível encontrar dentro da *polis* homens que, comparativamente a outros, fossem muito superiores em termos de virtude ou de capacidade política, homens que seriam como deuses entre homens. Para esses não haveria a necessidade de leis, pois "eles mesmo são a lei" (Pol, III, 13, 1284a). Como esses são minoria, a lei não pode ser descartada. Ocorre não ser suficiente que desde cedo os homens recebam a educação e os cuidados adequados. Mesmo tornando-se adultos devem colocar em prática o que aprenderam e transformar isso em hábitos. Como se não bastasse, há a necessidade de leis para essa idade e, de um modo geral, por toda a vida. Ocorre que a maioria deles "obedece mais à necessidade do que à razão e mais à punição do que ao sentido do bem" (EN, X, 10, 1180a)

Do mesmo modo, como não podem ser ensinadas, as virtudes também não podem ser aprendidas por palavras. Por mais que as palavras possam encorajar e estimular os jovens à virtude, são impotentes para levar a maioria das pessoas à prática da virtude moral. Se, por um lado, os argumentos possuem força para estimular e encorajar os jovens dotados de um espírito generoso, permeável à virtude, por outro eles são impotentes para incitar a maioria dos homens a uma vida nobre e honesta. A virtude e a educação dependem dos hábitos e das leis. Não é uma tarefa fácil receber desde a juventude uma educação orientada para a virtude se o sujeito não for criado também sob boas leis. A maioria dos homens não observa a lei pelo bem que elas contem, mas por medo da punição que resulta de seu descumprimento. Para estes é necessário que a lei se imponha: "[...] a maioria, com efeito, não obedece naturalmente ao sentimento de honra, mas somente ao medo, nem se abstêm de ações más por serem vis, mas pelo medo das punições" (EN, X, 10, 1179b).

Todavia, agir de acordo com a lei por medo de ser punido não é sinônimo de agir virtuosamente, mesmo que se pratiquem ações virtuosas. Não basta que o resultado da ação seja exitoso ou bom, que a ação seja justa ou moderada, pois alguém pode agir assim por acaso. Uma pessoa pode agir de forma justa circunstancialmente por ser vantajoso ou conveniente para si aparentar ser justa. As ações podem esconder as intenções reais do agente ou serem acidentais (EN, V, 10, 1135b). O caráter virtuoso de um agente não se identifica com a mera prática de ações virtuosas. Para uma ação ser virtuosa necessita resultar de uma escolha do agente. O fato de uma ação poder ser boa acidentalmente ou de forma oportunista exige que para a ação ter valor moral o agente atenda a certas condições no próprio ato de praticá-la, como agir conscientemente, escolher livremente o ato em questão e realizá-lo com uma firme disposição de espírito (EN, II, 3, 1105a).[2] É em função de seu caráter que o homem virtuoso escolhe a ação virtuosa por ela própria. Para alguém ser virtuoso tem de praticar as ações mediante uma escolha deliberada e em razão das próprias ações (EN, VI, 13, 1144a). A virtude não se limita à legalidade, ultrapassa-a, e a lei necessita vincular um sentido moral, que é dado em seu caráter mais pleno pela virtude da justiça, dado que a lei é, para Aristóteles, um instrumento da justiça.

---

[2] Conforme acima, capítulo IV, parte 1.

Breve cronologia aristotélica

384: Nascimento em Estagira.

367-347: Primeiro período em Atenas, vinculado à Academia de Platão.

347: Morte de Platão e mudança para Assos (Ásia menor)

345-335: Período de viagens.

345-344: Muda-se para Mitilene, ilha de Lesbos, e trabalha em conjunto com Teofrasto.

342-341: Torna-se preceptor de Alexandre, na Macedônia.

341-340: Casa-se com Pithias, irmã de Hérmias (governante de Assos).

338: A Macedônia passa a dominar o mundo grego.

335-322: Segundo período em Atenas.

335-334: Retorna a Atenas e dedica-se às atividades do Liceu.

323: Morre Alexandre e instaura-se em Atenas um clima antimacedônico, o que afeta também a Aristóteles.

323-322: Muda-se para Calcis, onde ficava a casa de sua mãe.

322: Morre em Calcis, aos 62 anos de idade.

Sites de interesse na internet

http://www.aristoteliansociety.org.uk

http://www.gutenberg.org/browse/authors/a#a2747

http://remacle.org/bloodwolf/philosophes/Aristote/table.htm

http://www.obrasdearistóteles.net

http://en.wikisource.org/wiki/Author:Aristotle

ABREVIATURAS

Obras de Aristóteles
EN – *Éthique à Nicomaque* (*Ética a Nicômaco*).
Pol – *La politique* (*Política*).
Mét – *Métaphysique* (*Metafísica*).
Rét – *La rhétorique* (*Retórica*)
DA – *Acerca del alma* (*Da alma*)
EE – *Ética eudemia* (*Ética a Eudemos*).

Obras de Platão
Rep – *A república*.
Leis – *As leis*.

Obras de Isócrates
Nic – *Nicoclès* (*Nícocles*).
SE – *Sur l'échange* (*Sobre a troca*).
Pan – *Panathénaique* (*Panatenaico*).

Referências

AMORIM, A. P. D. *Sobre a lei em Aristóteles*. Dissertação (Mestrado em Filosofia). UFSCAR, São Carlos, 2011.

ARENDT, H. *A condição humana*. Rio de Janeiro: Forense Universitária, 1989.

ARENDT, H. *A dignidade da política*. Rio de Janeiro: Relume-Dumará, 1993.

ARISTÓTELES. *Política*. 3. ed. Trad. Mário da Gama Kury. Brasília: Ed. da UnB, 1997.

ARISTÓTELES. *La politique*. Trad. J. Tricot. Paris: Vrin, 1982.

ARISTÓTELES. *Politique*. Texte établi e traduit par J. Aubonnet. Paris: Les Bellesletres, 1960-1989. 5 v.

ARISTÓTELES. *La ethique à Nicomaque*. Trad. J. Tricot. Paris: Vrin, 1959.

ARISTÓTELES. *La rhétorique*. Paris: Livre de Poche, 1991.

ARISTÓTELES. Ética a Nicômacos. 2. ed. Trad. Mário da Gama Kury. Brasília: Ed. da UnB, 1992.

ARISTÓTELES. *Métaphyisique*. Paris: Flammarion, 2008.

ARISTÓTELES. Del alma. In: _____. *Obras*. 2. ed. Madrid: Aguillar, 1967.

ARISTÓTELES. Ética Nicomáquea/Ética Eudemiana. 3. ed., Madrid: Gredos, 1995.

AUBENQUE, P. Aristote et le Lycée. In: _____. *Histoire de la philosophie, Encyclopédie de la Pléiade*. Paris: Gallimard, 1969. v. I.

BERTI, E. *As razões de Aristóteles*. São Paulo: Loyola, 1998.

BODÉÜS, R. *Aristote: la justice et la cité*. Paris: PUF, 1996.

BODÉÜS, R. *Le philosophe et la cité: recherches sur les rapports entre morale et politiquedans la pensée*. Paris: Les Belles Lettres, 1982.

CENCI, A. V. *A educação moral em perspectiva: concepções clássicas e desafios atuais*. Passo Fundo: UPF Editora, 2007.

CORTINA, A. *Cidadãos do mundo: para uma teoria da cidadania*. São Paulo: Loyola, 2005.

CURREN, R. R. *Aristotle on the necessity of public education*. New York: Rowman & Littlefield Publishers, 2000.

DEFOURNY, M. Aristote et l`education. *Annales de l'institut supérieur de philosophie* (Louvain), 4 (1920), p. 1-176.

DONNINI MACCIÒ, M. C. *Educazione e filosofia in Aristotele*. Torino: Loecher, 1979.

DURÁN, C. *Educación, retórica y poética: tratado de la educación en Aristóteles*. Pamplona: EUNSA, 1992.

DÜRING, I. *Aristotele*. Milano: Mursia, 1995.

GADAMER, H.-G. *Verdad y método*. Salamanca: Sígueme, 1984. v. I.

GUARIGLIA, O. Ética y política según *Aristóteles*. Buenos Aires: Centro Editor de América Latina, 1992, 2. v.

GUARIGLIA, O. *La ética en Aristóteles o la moral de la virtud*. Buenos Aires: Eudeba, 1997.

HOFFE, O. *Aristóteles*. Porto Alegre: Artmed, 2008.

HOURDAKIS, A. *Aristóteles e a educação*. São Paulo: Loyola, 2001.

INNERARITY, C. La compreensión aristotélica del trabajo. *Annuario Filosofico*, Universidad de Navarra, v. XXIII, n. 2, 1990.

ISOCRATE. Nicoclès. In: t. II. *Discurs*. Paris: Les belles lettres, 1938, p. 114-137.

ISOCRATE. Sur l`échange. In: t. III. *Discurs*. Paris: Les belles lettres, 1942, p. 86-181.

ISOCRATE. Panathénaique. In: t. II. *Discurs*. Paris: Librairie de firmin didot frères, 1863. Disponível em: <http://remacle.org/bloodwolf/orateurs/isocrate/panathe.htm>. Acesso em: 29 fev. 2012.

JAEGER, W. *Aristóteles: bases para la historia de su desarollo intelectual*. Mexico: FCE, 1992.

JAEGER, W. *Paideia*. São Paulo: Martins Fontes, 1994.

LEAR, J. *Aristóteles*. Madrid: Alianza Editorial, 1994.

LLEDÓ, E. Aristóteles y la ética de la *polis*. In: CAMPOS, V. (Ed.). *Historia de la ética*. Barcelona: Crítica, 1988. v. I.

LLOYD, G. *Aristóteles*. Buenos Aires: Prometeo, 2008.

LOMBARD, J. *Aristote, politique et* éducation. Paris: Harmattan, 1994.

LOPES, M. *O animal político: estudos sobre justiça e virtude em Aristóteles*. São Paulo: Singular/Esfera pública, 2008.

LORD, C. *Education and culture in the political thought of Aristotle*. Ithaca-Londres, 1982.

LYNCH, J. P. *Aristotle`s School: A study of greek educational institution*. Berkeley: University of California Press, 1972.

LÖWITH, K. *O sentido da história*. Lisboa: Edições 70, 1991.

MARCOS, A. Aprender haciendo: *paideia* y *phronesis* en Aristóteles. *Educação*, Porto Alegre, v. 34, n. 1, p. 13-24, jan./abr. 2011.

MARIN, H. *La antropologia aristotélica como filosofia de la cultura*. Pamplona: EUNSA, 1993.

MARROU, H.-I. *História da educação na antiguidade*. São Paulo: EPU, 1990.

MÉTIVIER, P. *L´éthique dans Le projet moral d'Aristote: une philosophie du bien sur le modele dês arts et techniques*. Paris: Du Cerf, 2000.

MIGEOTTE, L. Os filósofos gregos e o trabalho na antiguidade. In: MERCURE, D.; SPURK, J. (Org.). *O trabalho na história do pensamento ocidental*. Petrópolis: Vozes, 2005.

MORANDO, D. *Pedagogia*. Barcelona: Luis Miracle, 1953.

NAVAL, C. *Educación, retórica y poetica. Tratado de la educación en Aristóteles*. Navarra: EUNSA, 1992.

PLATÃO. *A República*. 8. ed. Lisboa: Fundação Calouste Gulbenkian, 1996.

PLATÃO. *Diálogos: Leis e Epínomis*. Trad. Carlos Alberto Nunes. Belém: Universidade Federal do Pará, 1980.

PUIG ROVIRA, J. M.; TRILLA, J. *La pedagogia del ocio*. Barcelona: Laertes, 1996.

RICKEN, F. *O bem-viver em comunidade: a vida boa segundo Platão e Aristóteles*. São Paulo: Loyola, 2008.

ROSS, D. *Aristóteles*. Lisboa: D. Quixote, 1987.

SHERMAN, N. *The fabric of carácter: Aristotle`s Theory of virtue*. Oxford: Clarendon Press, 1989.

SISON, A. *La virtud: síntesis de tiempo y eternidad*. La ética en la escuela de Atenas. EUNSA: Pamplona, 1992.

VANNIER, G. *L´esclavagedans la cité*. Paris: PUF, 1999.

VAZ, H. L. *Escritos de filosofia II*. São Paulo: Loyola, 1988.

WOLFF, F. *Aristóteles e a política*. São Paulo: Discurso editorial, 1999.

Sobre o autor

Angelo Vitorio Cenci é professor do Curso de Filosofia e do Programa de Pós-Graduação em Educação da Universidade de Passo Fundo (UPF/RS). Doutorou-se (2006) e fez pós-doutorado (2012) na UNICAMP/SP. Suas pesquisas atualmente estão voltadas para dois núcleos de investigação: teoria moral, ética e educação e teoria social crítica e educação. Possui artigos publicados em periódicos e vários livros, dos quais se destacam *A educação moral em perspectiva: concepções clássicas e desafios atuais* (2007), *Ética geral e das profissões* (2010) e *Apel versus Habermas: a controvérsia acerca da relação entre moral e razão prática na ética do discurso* (2011 – prêmio Capes de Teses de Doutorado, em 2007).

Este livro foi composto com tipografia ITC Garamond e impresso
em papel Off Set 75 g/m² na Gráfica Paulinelli.